頭のいい子が育つ「最高の生活習慣」

陰山英男

PHP文庫

○本表紙図柄＝ロゼッタ・ストーン（大英博物館蔵）
○本表紙デザイン＋紋章＝上田晃郷

はじめに

私は小学校の教師として、今までたくさんの家を家庭訪問してきました。家庭訪問というと、読者の皆さんは「先生に気を遣《つか》って大変」などと思われるかもしれません。しかし、実は私たち教師側にとっても、家庭訪問は精神的にとてもキツイものなのです。

例えば、ある子どもの家庭は、家族5人が四畳半一間に暮らしていました。窓さえもない部屋で、「お子さんはどこで勉強されているんでしょうか？」とお母さんにたずねると、部屋の隅にあったミカン箱を指さされ、私は絶句しました。

こういう実態を見てしまったら、軽々しく「勉強しなさい」とは言えなくなってしまいます。何より、その子どもが勉強できるような環境で暮らしていないことは、とてもつらいことでした。子どものすべてを知ってしまうと、教師として見過ごすことができなくなってしまうのです。

逆に、家を自慢したがる親もいました。家庭訪問は基本的に玄関でお話しするのですが、「どうしても上がってくれ」と言われ、フカフカのスリッパで客間に通されました。確かに家は立派でしたが、私は子どもが宿題をやってこないとか生活の乱れのある姿を知っていましたから、「子どもの生活習慣よりも、家を飾ることに熱心なんだな」と子どもがかわいそうになりました。

当たり前のことですが、家がまともでないと、子どもの精神はすさんでいきます。

たとえ家が狭くても、キチンと整理されていて、居心地のいい雰囲気《ふんいき》の家庭もあります。そういう家庭は、親も子どもも落ち着いていて、穏やかで、子どもの学力も高いものです。もちろん荒れた家でも、勉強ができる子どももいます。そういう子は、親に反発してなにくそと頑張っていることが多いようです。逆に立派な家でも、子どもは勉強があまりできないケースもあります。

子どもの学力は、家の豪華さで決まるものではありません。その家の暮らし方、つまり「生活習慣」で決まるものなのです。

そして、「生活習慣」というものは、そう簡単には変わりません。だからこそ、子どもの知能指数や学力は、生まれつき変わらないと言われてしまうのです。しかし、知能指数も学力も、必ず「生活習慣」で向上します。この本では、このことをしっかりと伝えていきたいと思います。

教師は子どもの学力には責任を持ちますが、子どもの人生までは責任を持てません。むしろ持つべきでない、と私は思います。もちろん学力を保証するために、教師は全力を尽くします。私もいろいろなことをやりました。

でも、子どもの人生に責任を持つのは、親の役目です。親がやるべきことは、教師ではなく、親がやるべき。教師は親の代わりにはなれないし、そもそも親の代わりをすべきではないのです。

この本が、家の在り方、暮らしの在り方、家族の在り方、そして親の在り方について、考えるきっかけになってくれれば幸いです。

頭のいい子が育つ「最高の生活習慣」　目次

第1章 頭のいい子が育つ「家」

第2章 頭のいい子が育つ「暮らし方」

第3章　頭のいい子が育つ「家族」

本文イラスト：ミヤワキキヨミ
編集協力：長井 寛
資料提供：セキスイハイム

第1章

頭のいい子が育つ「家」

家は、住む人の生き方や価値観を表している

私は、小学校の教師として、いろいろな家を見てきました。そして家庭訪問を続けているうちに、子どもの成長と家とには密接な関係があるのではないかと、少しずつ感じるようになりました。例えば、壁一面が本棚になっていて、本でぎっしりと埋め尽くされているような家庭の子どもは、まず間違いなく学力が高いのです。

きっかけは、家庭訪問で目にすることの多い「玄関」でした。玄関を広く取り、きれいにし、整理整頓している家庭は、隣近所とのつきあいが盛んですし、つきあいそのものを大切にしています。子どもの友だちもたくさん遊びにやってきます。きれいで明るい玄関ほど、外に開かれている家庭である傾向が強いのです。

思えば、田舎には玄関を南向きに設けた家が多くあります。「日当たりのいい南側は居間などに使いたいだろうに、なんでわざわざ玄関を南向きにしたのかなぁ」と不思議に思っていたのですが、あれは近所づきあいを大切にしたいという気持ちが表れているんだと分かり、納得しました。

そんな風に、玄関は、住む人が外向的かどうか、ご近所や友人たちとどんな人間関係を築きたがっているかを表しているのだと気づき、「家っておもしろいな」と思うようになったのです。

家庭訪問を重ねるにつれ、家を見る視点はどんどん増えていきました。玄関だけでなく、家のいろいろな箇所も観察するようになりました。暗い雰囲気の子どもの家は、家も薄暗く、光が降り注いでいない。逆に明るい子どもの家は、採光に気を遣って、光をたくさん取り入れようとしている。「家は、住む人の生き方や価値観をそのままに表す」のだと、分かってきたのです。

同時に、教師として、そして3人の子どもを持つ親として、家はどうあるべきか。どんな家が子どもを伸ばすのかということも考えるようになりました。

そして数年前、私はある住宅メーカーで、「家」を監修する機会に恵まれました。その家には私が長年教育現場や家庭で培《つちか》ってきた、家への理念や子育ての理念が盛り込まれています。『かげやまモデル』と命名されました。

家づくりは、とても難しい。「3軒建ててみて、ようやく3軒目に自分の思いどおりの家を建てることができる」という話もあるほどです。しかし、一生に3軒も家を建てられる人はごくごくまれです。たいていは一発勝負であり、しかも一度建てると直すのも困難です。

これは、住宅に必要な条件や要素がきちんと検証されて、継承されていないせいもあるでしょう。自分で家を建てて暮らしてみると、「ここはこうすればよかった」「ここはこういうつくりにして成功した」といった実践的な知恵や教訓がどんどんたまります。しかし、その知恵を生かす機会はほとんどなく、他の人に継承されることもまずありません。だからこそ、『かげやまモデル』

では、私の専門である「子どもの学力向上」という視点で、知恵やノウハウを理詰めで提供しようと思ったのです。

家族が幸せになるための「基礎基本」とは

私が家を監修する際に最も大切にしたのは、「家族が幸せになる家」です。家は「子どもに勉強させる道具」ではありません。子どもの学力を上げることは、家族の幸せのパーツの1つでしかないのです。

では、「家族の幸せ」とは何でしょうか。どうしたら実現できるのでしょうか。人によって千差万別だとは思いますが、私は、家族の幸せにも「基礎基本」があると思っています。

まず、一番の基礎基本は、「家族の健康」。

健康は、私たちの心にとっても体にとっても、大切なものです。もちろん、時には家族のだれかが患《わずら》ったりハンディを背負ったりすることもあるでしょう。しかし、それを家族全員で支えるためにも、家族全体が「健康な心身」を持っていることが必要です。健康を意識して暮らす。これが幸せには不可欠です。

二番目の基礎基本は、「家族ひとりひとりがつながっていること」。

家族がバラバラではなく、家族同士の触れ合いや交流ができる暮らしです。リビングが家の中央にあり、なんとなくみんなが集まってくる。家族が今、何に喜び何に悩んでいるのかが分かる。時には煩《わずら》わしいと思うこともあるでしょう。しかし、その煩わしさも引っくるめて家族であり、幸せなのです。

三番目の基礎基本は、「家族のひとりひとりがしっかり自立できる環境」。

二番目の基礎基本と矛盾するようですが、そうではありません。家族それぞれがやりたいことをハッキリと持ち、それを実現できる暮らしであってこそ、幸せといえるのではないでしょうか。教育の目的は自立です。子どもがいつまでも子ども扱いされるのではなく、責任を自覚した家族の一員であること。もたれ合う家族ではなく、支え合う家族になるために、重要な観点だと思います。

この3つの「基礎基本」を念頭に、私は『かげやまモデル』を監修しました。この章では、私が考える子どもを賢く育てるためのリビングやキッチン、子ども部屋などの在り方、勉強机や本棚などの家具について、ご紹介していきます。

しかし、読み進める前に、注意していただきたいことがあります。それは、家の「カタチ」だけをまねしても、決して幸せにはなれないということです。「どんな暮らしをしたいのか」「どんな家にしたいのか」「家に何を求めるのか」という自分のコンセプトや具体的なイメージをまずしっかり持っていてこそ、子どもを賢くする家づくりはうまくいきます。コンセプトがないまま、見た目のいい家具や最新の設備などをただ模倣《もほう》しても、うまく機能しませんし、効果は上がりません。

これから自分の家族がどう生きるか、どう暮らすか、大切な我が子にどんな大人になってほしいか。こういった未来像や願いをまず明確に持ってこそ、その家族にとって本当の意味で「いい家」ができるのです。

最近は建築家に設計を依頼する人も多いですが、いい建築家は、まず施主の要望をとことん聞くことからスタートします。そして、その人の好みや家族構成、その人が内向的か外向的か、どんな趣味を持っているかなど、本人以上にその人のライフスタイルを理解して、「自己実現の場としての家」を提案します。

人生観のないまま家を建てたりリフォームしたり家具を買ったりしても、「仏を作って魂入れず」になるだけ。それなのに住宅や家具を買う人の多くは、そういう意識が希薄なのではないかとずっと疑問に感じていました。「どう暮らしたいか」という自分のイメージが曖昧《あいまい》なまま、企業がＣＭやチラシ広告で訴えてくるイメージに引かれて、「ここに住めばこんなステキな暮らしができるのかも」「こんな机を使ったらうちの子も勉強するのかしら」と安易に考えてしまっていないでしょうか。

ですから、この本に書かれていることは、そのまま模倣するのではなく、ご自身の家、ご自身の家族の暮らし方を考えるための刺激剤の1つとしてください。家という家族の土台をどうつくるかは、自分の家族にとって幸せとは何か、我が子にどんな人間に成長してほしいかを考えることです。そしてそれこそ、家族の幸せの「基礎基本」への第一歩なのです。

玄関は、家の顔！

玄関は家にとって非常に重要な場所。家の顔です。やってきたお客様が真っ先に目にするのも、お客様を出迎えるのも玄関です。魅力的な玄関であれば、お客様も訪問しやすくなり、外部とのコミュニケーションも活発になります。

とはいえ、都会の住宅やマンションなどでは、玄関をそれほど広くできません。その場合は、デザイン性で魅力的な空間を演出したいところです。

例えば、下駄箱や物入れの扉を鏡にする。鏡に映った空間が、広いという錯《さっ》覚《かく》を生みますし、出かける前に最後の身だしなみチェックができます。

壁に絵を掛けるのも効果的です。我が家では、子どもたちが学校で描いた絵や作品などを玄関に飾っていました。既製の絵やポスターを飾るにしても、ずっと同じものを飾りっぱなしにするのではなく、季節の変化や行事などに合わせて、模様替えをするといいでしょう。そのためには、飾りやすく変えやすい仕掛けを作っておくと便利です。例えば、花瓶などを置けるくぼみを作ったり、額を吊れるレールを取り付けたり、コルクボードを設置したり。変化のある玄関は、活発な家の雰囲気をつくります。

玄関は、外と内の境界線でもあります。インとアウト、室内と室外をしっかり区切りたいもの。そこで、コートや上着を収納できるクローゼットがあると便利です。最近の住宅では、クローゼットは寝室内にあることが多いですが、これでは上着についたホコリや花粉を家の中に持ち込んでしまいます。そこで、上着やコートは玄関でパッパッと払って、玄関のクローゼットにしまう。これなら、ホコリや花粉が家の中に侵入しづらくなります。家族に花粉症の人がいるなら、ぜひ試してみてください。クローゼットが難しいなら、コート類を掛けられるラックを置くだけでも違うはずです。

おもちゃ箱を玄関に置くのもオススメです。砂遊びのバケツやボールなど、

下駄箱は天井まであるとよい
絵を吊るすレール
鏡
子どもの絵
外遊び用
おもちゃ箱

外で遊ぶ道具は砂や泥、ホコリまみれになりますから、室内には持ち込みたくないもの。玄関の専用おもちゃ箱に収納すれば室内が汚れるのを防げますし、使うときもサッと出せて便利です。さらに、遊具を玄関に置いてから家に入る、という行為によって外遊びの空気を家の中に持ち込まずに済みます。子どもがメリハリのある行動を身につけるためにもいいでしょう。

また、雨の日などに、靴を泥だらけにして帰ってきた後、玄関を汚れたままにしておくと、子どもは「玄関は汚くてもいいんだ」と考えてしまいます。それは、子どもの中に無意識のだらしなさを生みます。

常に玄関をきれいにしておくには、掃除しやすい床材を選んだり、物をあまり置かないなど、掃除のしやすさを考えておくといいでしょう。当然、汚した本人がその場できちんと拭《ふ》くようにすれば、いつもきれいな状態を保てます。

さらに、玄関で悩みの種になるのが、靴の収納です。家族が多ければそれだけ、靴も増えます。子どもが小さいうちはサイズがすぐに大きくなりますし、スポーツをやっていると専用の靴を何足も持つでしょう。大量の靴を整理収納するには、大きな下駄箱がいいのは当たり前ですが、最近では下駄箱内をうまく活用する収納グッズなども豊富です。

汚くなって当たり前の場所こそ、きれいに保つこと。そこに家の意志が出るのです。

リビングのキーワードは、開放感と癒し

リビングは、家族が一番長い時間を過ごす部屋です。つまり、一番お金をかけていい部屋といえます。

では、どんなリビングにすればいいか。ある人から、こんな話を聞いたことがあります。「私は、偉人や有名人の生家を調べ、彼らを育《はぐく》んだ家に何か共通点がないかと探してみたことがあります。しかし残念ながら、これだと思える共通点は見つかりませんでした。唯一発見したのは、どの家も天井が高かったぐらいです」と、その人は私に教えてくれました。

これは重要な発見です。天井が高いとは、すなわち「開放感」があるということ。私も常々、快適に生活するには、「開放感」が必要だと思っていたのです。

「開放感」を考える際には、子どもが大きくなったときのことを想定しておくべきでしょう。我が家は子ども3人に夫婦の5人家族なのですが、子どもが成長して大人になった今は、リビングに大人5人が集《つど》うことになります。これはかなりの圧迫感。ですから子どもが大人になっても、一緒に快適に過ごせる広さはほしいものです。子どもが小さいときは広いと感じても、子どもが大人になったらちょうどいいぐらいになりますから。

そのために、リビングに「和室」が隣接しているといいと思います。

和室には、なぜかだれもがあまり物を置きません。常に整然としているので、いろいろな用途に使えます。客間にもできるし、ゲストルームにもできる。子どもの友だちが来たときは、遊び場にもなる。子どもが小さいうちは、寝室にして川の字で寝てもいいでしょう。

リビングと和室が隣接していると、空間が広く見えて開放感がアップします。大勢の来客があっても、リビングと和室がつながっていれば狭く感じません。何より、和室を多目的に使うには、リビングのような家族全員が使う便利な場所に位置した方がいいのです。2階の奥に和室があっても、なかなか足を運ばなくなってしまうでしょう。リビングとの間を引き戸や障子などで仕切れるようにしておけば、さらに使い道も増えます。

畳の持つ「癒しの効果」も見逃せません。子どもは疲れ知らずのように見えますが、実は結構疲れているものです。それを、「疲れていないように見せている」のが、子どもなのです。大人はマッサージをしたりアロマをたいたり、あえてリラックスをする場所や時間を設けようとしますが、子どもはわざわざ癒されようとする行動はしません。ですから意識的に子どもが疲れを癒すスペースを用意してあげるべきなのです。和室があれば、子どもは学校から帰ってきてそのまま大の字に寝っ転がって一休みできます。だれでも経験があると思いますが、広々とした畳の上でゴロゴロする快感は格別です。日本人に生まれてよかったとさえ思います。

好みもあると思いますが、私はコタツが大好きなので、やっぱり畳の部屋が欠かせません。ソファは長時間座っていると結構疲れるので、意外とリラックスできないのです。最近は和室がない住宅も多いので、フローリングの上に畳を敷いてもいいでしょう。ただ、薄っぺらい畳はあまりオススメできません。ゴロゴロ寝転がる気持ちよさを味わうには、ある程度の厚さと弾力のある畳が必要です。

リビング全体を、知的にする仕掛け

リビングには、必ず本棚を置きましょう。ブックラックでもかまいません。リビングで家族と過ごしながら、読書できる環境を整えるためです。

家庭訪問で常に感じたことですが、壁一面が本で埋まっている家庭の子どもは、総じて成績がいい。親が本をたくさん持っている子どもは、だいたい読書好きになる。親が読書する姿を見て育った子どもは、自然と本を読むようになるのです。

本棚は、子ども用、大人用を分ける必要はありません。子どもの本も大人の本も、あえてごちゃまぜにして並べましょう。小学校高学年ぐらいになってくると、子どもは背伸びして親の蔵書を読みたがるようになります。また、子どもが今どんな本を読んでいるのかを家族が知っておくことは、子どもの心をつかむ上で大きな助けになります。子どもの本にもすばらしいものはたくさんあります。大人が読んで思わずうなるものもあり、なかなかあなどれません。大人も子どもの読書から学ぶことはたくさんあるはずです。

リビング、長机、トイレ……『かげやまモデル』では、家のあちこちに本棚が置かれています。目指したのは、読みたいときに本が読める環境。常に身の回りに本があれば、読んでみようかなと思えるし、気がついたら本を手に取って読んでいるということも起こりえます。

各本棚をどう使い分けるかは、暮らしているうちに自然と決まってきます。まずは家のあちこちに本棚を置いてみましょう。次ページのイラストに、本棚を置くと効果的な場所を示してみました。参考にしてみてください。

また、家じゅうに本棚があると、何か分からないことがあったときに、すぐに調べる習慣が身につきやすくなります。家族でテレビを見ていて、ニュースの話題やクイズの答えなどで分からないことがあったらすぐ調べられるよう

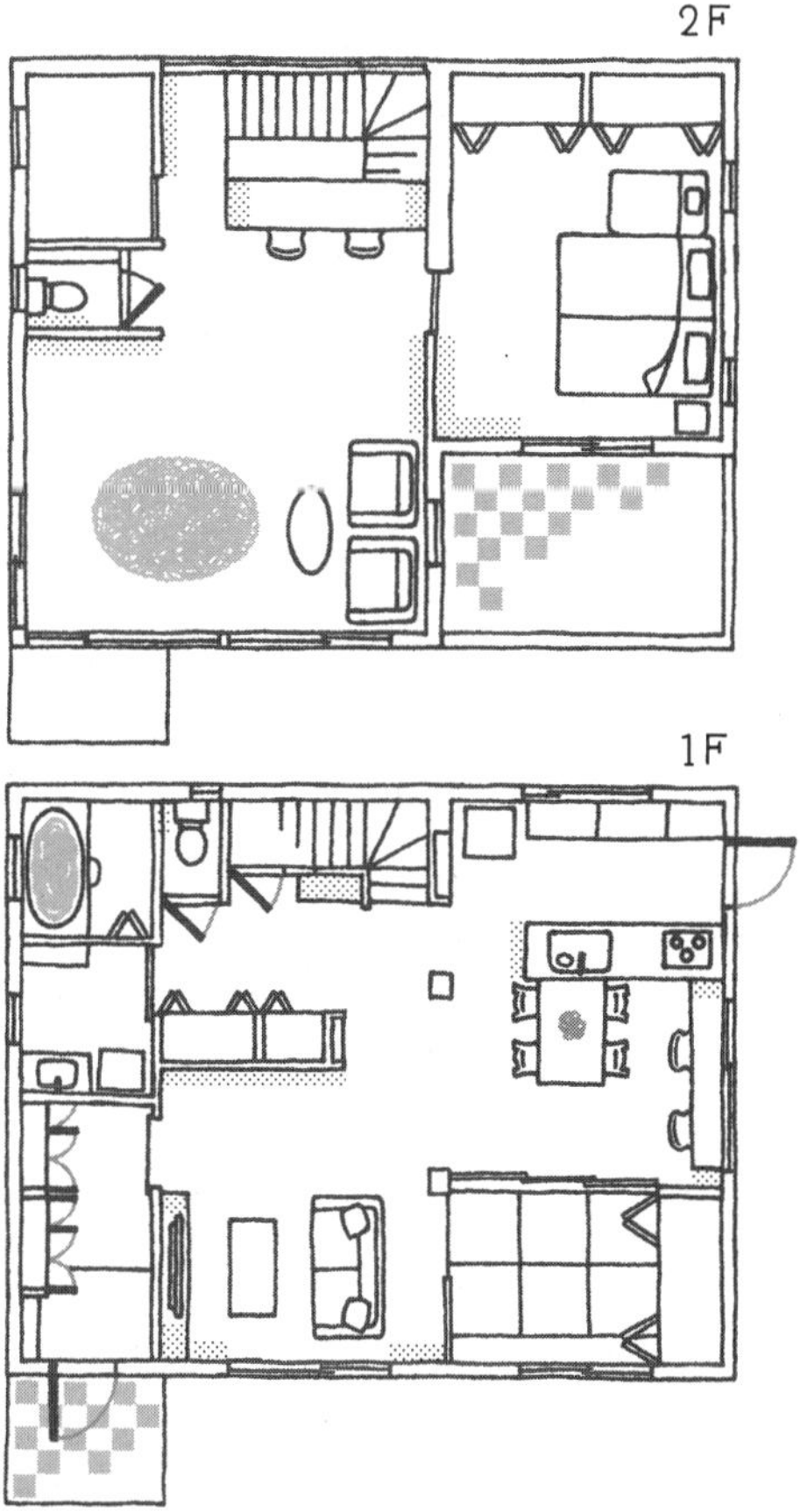

本棚を置くと効果的な場所

に、特にテレビの近くには図鑑や辞書、事典、地球儀などを置いておくと便利です。子どもの知的好奇心が刺激されたチャンスを逃さず、生きた学習をさせましょう。

リビングには、テレビが付き物。ブラウン管の時代は、テレビがかなりのスペースを占領していましたが、薄型テレビの時代になって格段に省スペースになり、レイアウトも自由になったのはうれしいところです。

子どものいる家庭には、録画機能一体型のテレビがオススメです。なぜか？場所を取らないこともありますが、最大の理由は「子どもでも簡単に操作できる」という点です。

ビデオが普及していなかった時代、テレビはリアルタイムで見るものでした。そうなると、見たい番組の放送時間によって、生活が左右されることもあります。「サザエさんは見たい。でもテレビを見ながらご飯を食べるのはよくない。じゃあ、サザエさんを見終わってからご飯にしましょう」といった具合

壁面いっぱいの本棚
地球儀
図鑑・辞典など
NEWS

です。

しかし、これでは「規則正しい生活」になりません。ご飯は7時から、お風呂は8時半から、そして9時に寝るといった、子どもに身につけさせたい規則正しい生活リズムは、当然、テレビ番組の放送時間よりも優先されるべきです。ですから、見たい番組があったら録画して、見てもいい時間に見るようにする。その際に録画機能一体型なら、番組録画や予約が簡単で、子どもでも操作できます。子ども自身が自分のテレビ視聴を管理するということ。これが重要なのです。DVDプレイヤーなどを選ぶ場合も、子どもにも操作できるかという観点でチョイスするといいでしょう。

「根暗机」は、やめよう！

『かげやまモデル』で私が最も強く提案し、最も象徴的な存在となっているのが、キッチンの斜め前に置かれたカウンターデスクです。

窓に面した横長の机で、横幅は１５０〜１８０センチ、奥行きは60センチぐらい。会議などで使われる、３人掛けの折りたたみ式長机をイメージしてください。この横長机を、子どもの勉強机として使います。

「なぜ横長机なのか？」「よくある一体型の学習机ではダメなのか？」とよく質問されますが、ここに、私なりのこだわりとポリシーが込められています。

勉強机に必要なのは、リビング同様、「開放感」です。長時間机の前に座っていても苦にならない開放感が必須。いわゆる一体型の「学習机」は子どもの視界が遮《さえぎ》られ、圧迫感があります。これでは、長時間机に向かって勉強したいと思えません。横長机を窓の前に置くことで開放感を演出し、子どもの勉強意欲を向上させるのです。

次に、横長机は、横に物が置けます。机の奥が散らかっていると視界に入って気が散りますが、机の横方向に物が置いてあっても大して気になりません。私自身昔から横長机を仕事用に使っていますが、横方向に広く物が置けると、複数の作業を同時進行しやすくなります。例えば机の右側に算数の資料、左側に国語の資料を置いておき、算数の仕事から国語の仕事に移るときはキャスター付きの椅子を横滑りさせるのです。資料も開きっぱなしでいいので、効率的に作業できます。

それに比べ、日本で定番となってきた一体型の学習机は、デメリットばかり。机に本棚や引き出しなどがすべて一体化されていて、一見勉強しやすそうではありますが、圧迫感が強く、子どもの学習意欲をそいでしまいます。机上のスペースも使いづらい。奥行きがありすぎて、小さい子どもだと奥に置いた物に手が届きにくいのです。

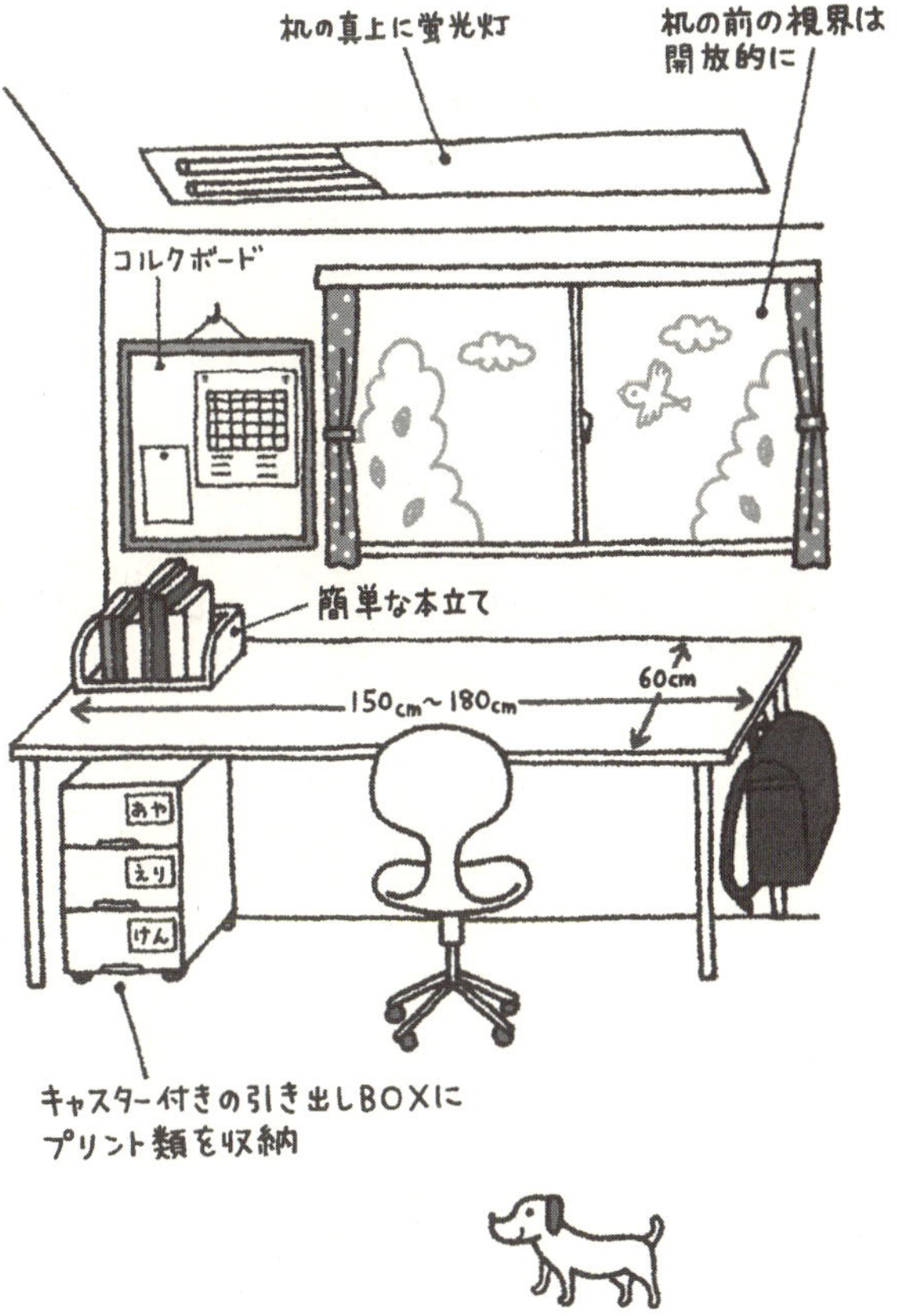
机の真上に蛍光灯
机の前の視界は
開放的に
コルクボード
簡単な本立て
60cm
150cm〜180cm
あや
えり
けん
キャスター付きの引き出しBOXに
プリント類を収納

実は我が家は、上の娘2人は横長机で育ち、一番下の長男にはせがまれて仕方なく一体型学習机を買ったのですが、大失敗でした。使い勝手が悪く、息子はまったく使わなかったのです。結局、3人の子どもは横長机を取り合いながら勉強して育ちました。なぜあの一体型が、「学習机」と呼ばれているのか理解に苦しみます。あれは「根暗机」。おそらく、団地が次々と建設された時代に、「子ども部屋は用意できないから、子どもが勉強できるスペースを部屋の一角に確保したい」というニーズにこたえて、深く考えることなくつくられ、意味もなく流行したのではないでしょうか。

横長机のそばに置くといい物としてオススメなのが、キャスター付きの6段引出しです。

学校で配布されるプリント、学級通信など、子どもはたくさんの印刷物を持ち帰ります。特に小学校はプリント量が多く、子どもが何人もいるとその量は膨大になります。

そこで我が家では、ホームセンターで売っているような、キャスター付きの6段引出しを活用しました。プリントを整理するのに深すぎず、浅すぎず、ちょうどいい深さです。各引出しを子どもや分野ごとに割り当て、読み終わったプリントや、すぐに捨てられないものは、それぞれの引出しにどんどん放り込んでいきます。そして何か月かに一度、引出しの箱を引っ繰り返して整理し、不要なものを捨てるのです。

プリント類の管理にはどの家庭も一度は悩むと思いますが、ファイルするとか封筒に入れるとか、いろいろやった結果、私はこの箱型収納が一番簡単で確実でした。紛失しづらいし、無駄にため込まずに済みます。普段は横長机の下に入れておき、横長机を使用するときには下から出すなど、ゴロゴロ移動できるのも便利です。

この手軽さが重要なのです。

横長机はキッチンの斜め前に置く

この横長机を、キッチンの斜め前に置くのがポイントです。勉強する子どもを、キッチンで料理するお母さんが斜め後ろから見守れるように配置しましょう。お互いが正面から向き合っていると息が詰まりますが、この角度なら、お母さんは子どもの後ろ姿を見守りつつ、困っているように見えたら声をかけられる。子どもも、親の表情を気にせずに済みますし、「お母さん、ここ教えて」と振り返って助けを求めることもできます。必要なときに助け合える、絶妙の角度と距離感なのです。

教科書やノートは、机の横に小さめの本棚を置いてそこにしまいましょう。本立てを机の隅に置いて、そこに立てかけるのでもかまいません。どちらにせよ、子ども自身に整理させるようにしましょう。

横長机には、長い蛍光灯がオススメです。我が家でも、長机の上に蛍光灯をぶら下げて使っています。長い蛍光灯は影ができませんし、場所によって光にムラも出ないので、手元の明るさを確保しやすいのです。

子ども用の椅子の選択も重要です。机以上にしっかりとしたものを選びましょう。いろいろ機能がついているより、シンプルなものを。重要なのは、座面です。座り心地がよくて、安定性の高い、長時間腰掛けていても疲れない椅子を選んであげてください。しかし、意外と子ども用のいい椅子はあまりないのも事実です。これだけ子どもに投資されている時代なのですから、子ども用椅子はもっと研究・開発されてほしいものです。

子どもが何人かいる場合は、横長机を共有させましょう。空いていたら使う。先に座った方が使う。近年オフィスで流行している、フリーアドレスのような感じです。

ダイニングテーブルで勉強させている家庭も多いですが、これでは夕飯の支度が始まると勉強が完全に中断してしまいます。机の上を一度片付けなければならないので、不便です。勉強用の横長机を確保することで、子どもの作業を中断させない、勉強しやすい環境になります。

このキッチン横の長机で子どもが勉強するのは、おそらく小学校中学年ぐらいまででしょう。高学生になると勉強が高度になり、親が勉強を見るのも難しくなります。さらに、中学校に進学したら、勉強する場所は子ども部屋に移ります。そうなると、この横長机はお母さんのスペースになります。実際、子どもが大きくなった我が家でも、妻が自分のスペースとしてちょっとした書き物をする際など、自由に使っています。キッチンに隣接しているので、お母さんにとって使いやすいのです。

横長机などの家族の目に触れやすい場所にはコルクボードを掛けて、学校行事の予定や、家族のスケジュール、連絡事項などを共有する連絡板を設置すると便利です。

リビングのどこからでも
見られる大きな時計
斜め後ろから
子どもを見守る
コルクボードを
家族の連絡板に
窓
(外が見える)

何かと紙類を冷蔵庫に貼る家庭も多いですが、見映えがよくないのが気になります。私の経験上、「頭のよい子の家庭は、必ず美しい」という共通点があります。お客様に見られても恥ずかしくないように、見た目にも配慮しましょう。

子どもを見守り、愛情を伝える場所を意識する

子どもが勉強している横長机だけでなく、キッチンからはさまざまなことが見える必要があります。

家の中のキッチンは、野球でいえばキャッチャーに該当する重要なポジションです。お母さんは、このキッチンに立って炊事をしながら家の中を見渡し、家族に目を配る。夫や子どもが何をしているか、変わった様子はないかなど観察し、コントロールする。そのためには、キッチンからの視角を確保しましょう。『かげやまモデル』でも、キッチンはカウンター式にして、台所で料理しながら家の中を広く見渡せるようにしています。

お母さんが家族を見守りやすいということは、同時に、家族がお母さんを見つけやすいということも意味します。小さい子どもは、積み木や絵本などに夢中になっていても、どこかでお母さんの気配を感じて安心していたいものです。「夢中で遊んでいるから大丈夫かな」と洗濯物を干しに別の部屋へ行こうとすると、一目散に駆け寄ってきてびっくりさせられるなんて経験は、だれもがお持ちでしょう。

また、楽しそうに料理しているお母さんの姿を毎日見ていると、子どもは自然とお手伝いをするようになります。料理への興味がわき、自分でも料理するようになるのです。できればキッチンは親子で並んで料理できる広さを確保したいものです。

我が家でも、子どもが小さいころから親子で一緒に料理をしていました。私が調理実習の練習をキッチンでしていると、「私も一緒にやりたい！」と子どもが加わることもよくありました。そのせいか、今ではみんなかなりの腕前。男女関係なくキッチンに立ち、一人暮らしをするようになった今でも、ちゃんと自炊しています。

キッチンに立つお母さんは、タイムキーパーの役割も担っています。「ほら時計見て。8時半までにお風呂に入ろう」「今9時だよ。寝る時間だね」といった指示が、その一例です。タイムキーパーとして家族の生活リズムを管理するために、キッチンから見える場所に、大きめの時計を設置しましょう。そしてこの時計は、お母さんだけでなく、リビングにいる家族がどこからでも見えるところに設置するとベストです。

昔の家には、大きな柱時計があって、家族の生活を仕切っていました。それと同じです。家庭の生活リズムを正しく刻む「標準時計」を置くことが、規則正しい生活につながっていきます。

時計は、離れたところからでも子どもにも大人にも見えるように、大きめのアナログ時計がいいでしょう。学校の教室にあるような、シンプルで文字の大きい時計をイメージしてください。大きな時計を1つ置くことで、時間は家族の共有物になるのです。

そしてもう1つ、リビングに是非つくってほしい重要な場所があります。それは、子どもに親の愛情を伝える場所。具体的には、家族の写真や子どもが学校で作った工作や絵などの作品を飾るコーナーです。

子どもの作品といえど、粗末に扱わずに、額に入れたりタイトルをつけたりしてきれいに大切に飾ってあげてください。その親の思いは、必ず子どもに伝わります。「自分の作品をこんなに大切に飾ってくれるんだ！」と、子どもは制作に一生懸命取り組むようになりますし、大事に持ち帰るようになります。

小さなことのようですが、こういった行為は子どもが幼児のころよりも、小学校高学年になると重要になります。子どもも高学年になると、なかなか幼児のときのように親と仲よくおしゃべりをすることも少なくなってきます。思春期が訪れ、親を疎《うと》ましく思うこともあります。そんなとき、何も言わず子どもや家族の写真、子どもの作品を飾っていることで、「いつでもキミを見守っているよ、愛しているよ」と伝えられるのです。

コルクボード
子どもの描いた絵
家族写真
子どもの工作

子ども自身がカスタマイズできる子ども部屋に

子どもは、走り回りたがるもの。小さいうちは特に思いきり遊べる安全なスペースを確保してあげたいものです。リビングは家具やテレビなどがあるので、走り回るのは無理。となると、やはりそのためのスペースは子ども部屋になります。

子ども部屋にはできるだけ物を置かず、子どもが思う存分、力一杯遊べるようにしましょう。小さいうちは、勉強はリビングの横長机ですればいいし、寝るのも親と一緒でしょうから、子ども部屋は遊び専用スペースと割り切っていいと思います。ここも「開放感」のあるスペースにしましょう。思いっきり遊ぶ前提で内装を考えると、床は軟らかくて傷になりにくい素材が向いています。

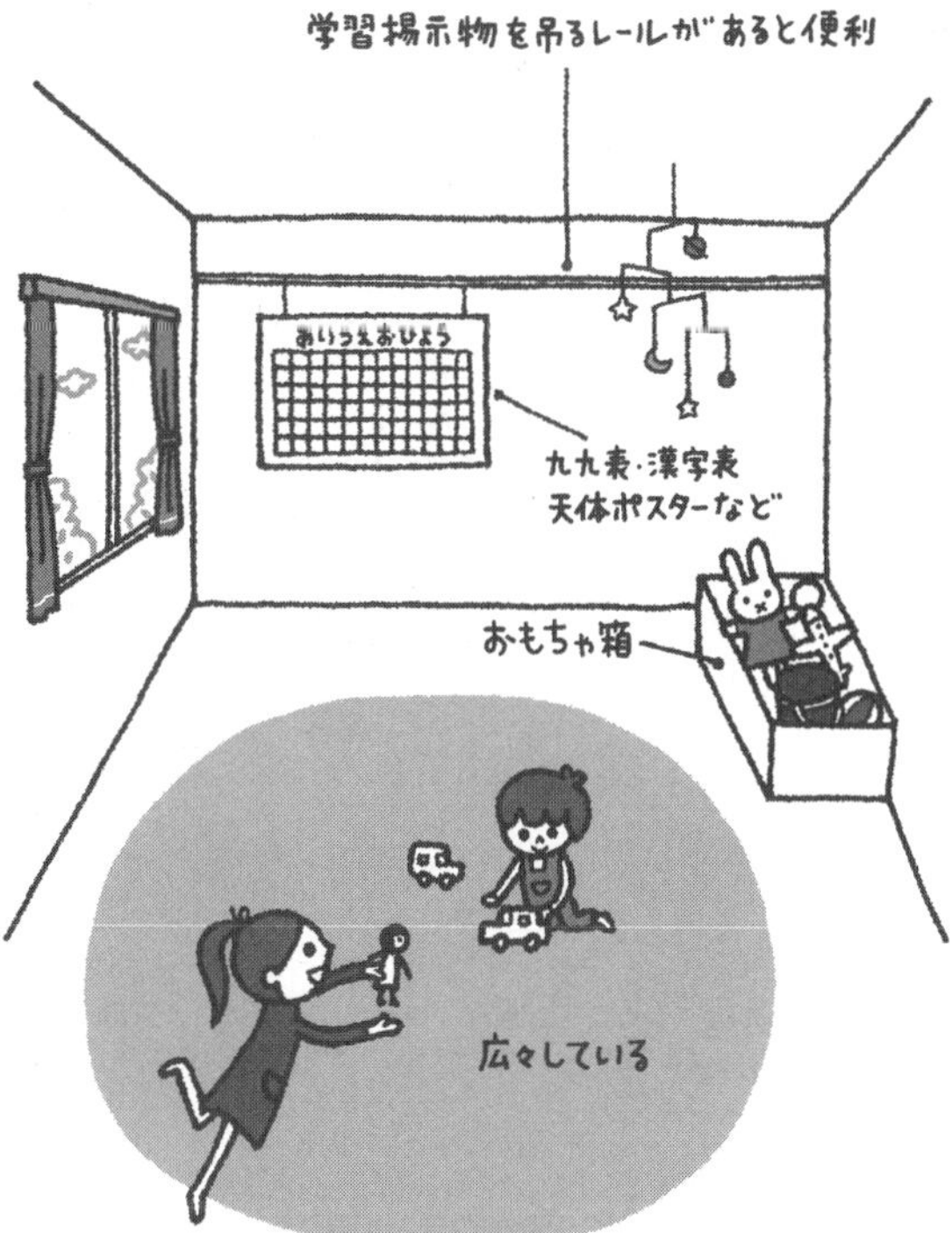
学習掲示物を吊るレールがあると便利
あいうえおひょう
九九表・漢字表
天体ポスターなど
おもちゃ箱
広々している

おもちゃは、大きな箱を用意しておいて、ぽんぽん放り込むスタイルがオススメ。子どもは整理能力が高くありませんから、自分で簡単に片付けられる収納にしておかないと、いつまでたっても親が付き添って片付けてやらなくてはなりません。「できるだけ自分で」のためには、「自分でできるようにしてあげる」必要があるのです。

子どもが大きくなってきたら、横長机や布団などを置いて、子ども部屋らしくしていきますが、「開放感」が大事なのは変わりません。窓から視界が開けていることも重視しましょう。朝日が当たって自然に目が覚めるのが望ましいですが、北向きでも問題ありません。北向きなら、季節による温度変化に振り回されないため気温が安定するので、1年を通じて落ち着いて勉強できます。私は子どものころの一時期、南向きの部屋で勉強したことがありますが、夏の暑さがきつくて勉強がはかどらなかった記憶があります。

学校では、教室の壁に掲示物を貼ることを「壁経営」といい、どんな教材をどこに貼るかが重要視されています。実は、子ども部屋にも同じことがいえます。

昔は、学研の「科学」などの学習雑誌に、壁に貼るための学習掲示物が付録としてあり、どこの家庭でも学習掲示物を貼っている光景を目にしました。しかし、最近は子ども部屋の壁に貼れるような学習掲示物が減ってきています。数年前に、文部科学省が学校向けにデザイン性の高い元素記号表を作成して配布したところ、これが大好評で「自宅に貼りたい」と個人からの問い合わせが殺到したそうです。

壁に学習掲示物を貼ることが減った背景には、日本の住宅が掲示物を貼りにくい壁材を採用するようになってきたことも挙げられます。また、きれいな壁に画びょうやセロテープで掲示物を貼ると、穴が開いたりテープのあとがついたり、汚くなってしまう。だから、親は掲示物を貼るのをためらうし、一度貼るとなかなか替えない。小学校高学年になっているのに、2年生のころに貼った九九の学習表が貼りっぱなしだったりします。

しかし、子どもの学習課題や興味関心は、刻一刻と変わります。それが成長の証《あかし》でもあります。子どもの成長や課題に応じて、学習掲示物は替えましょう。

そのためには、学習掲示物を貼りやすく替えやすい壁が必要です。例えば壁の横方向にレールをつけ、掲示物を透明のプラスチック板で挟んでフックで吊せるようにする。これなら、簡単に掲示物を替えられますし、壁も汚くなりません。

子どもが自分で掲示物を替えられるとさらにいいでしょう。今の自分はどんなことに興味があるのかを意識することは、非常に高度な思考力を必要とします。星座に興味がある子どもは四季の星座ポスターを貼る、英語に興味がある子どもはアルファベット表を貼る。自分で部屋の壁を「経営」し、学習環境を整えることができれば、学習しようという自覚も芽生え、勉強のモチベーションが上がります。

子ども自身が自分の成長に応じて部屋をカスタマイズできる、この考え方が子どもを自立させるのです。

子ども部屋は居心地がよすぎないように

子ども部屋は、居心地がよすぎないようにすることも大切です。居心地がよすぎると、子ども部屋から出てこなくなるからです。

さらに、子どもが部屋にいながら外の世界とつながっている感覚を持てるようにしましょう。例えば外の空気や日の光を感じられたり、荷物を持ってきた宅配便の人が鳴らすチャイムが聞こえたり。インターネットやスマートフォンなどでつながっているのではなく、物理的に外界とつながっていることを感じられる、これが大事です。

子どもの引きこもりを防ぐには、正しい生活習慣の維持が不可欠です。夜型の生活を許さず、早寝早起きを徹底して、体内時計を正常に機能させること。引きこもり・不登校になってしまうと、これはもう病的なもので、治療が必要になります。三池輝久さんという小児発達学の先生は、不登校は睡眠不良からくる体調不良なのだと言っています。慢性疲労症候群、つまり睡眠不足によって子どもたちの生物的な自律能力が弱ってしまい、体内時計が完全に狂って、朝きちんと起きられなくなる。それが不登校の原因だそうです。体内時計は、朝日を浴びることで、正常になります。毎朝規則正しい時間に日光や人工的なライトを浴びせることで、狂った体内時計を元に戻すのです。しかし、完全に狂った体内時計を戻すのは、かなり長期間の治療が必要だそうです。

子どもが1人で寝るようになると、子ども部屋は寝室を兼ねるようになります。よって、しっかり睡眠を取れる環境に気をつけましょう。

防音性能を高めて、外部からの音が入ってこないようにする。遮光カーテンなどを活用して、外の明かりが入ってこないように工夫する。特に都市部は夜でも明るいので、夜の灯りを遮断しましょう。照明は、自然な眠りを誘うような温かみのあるものがオススメ。そもそも最近の照明は、明るすぎると思いま

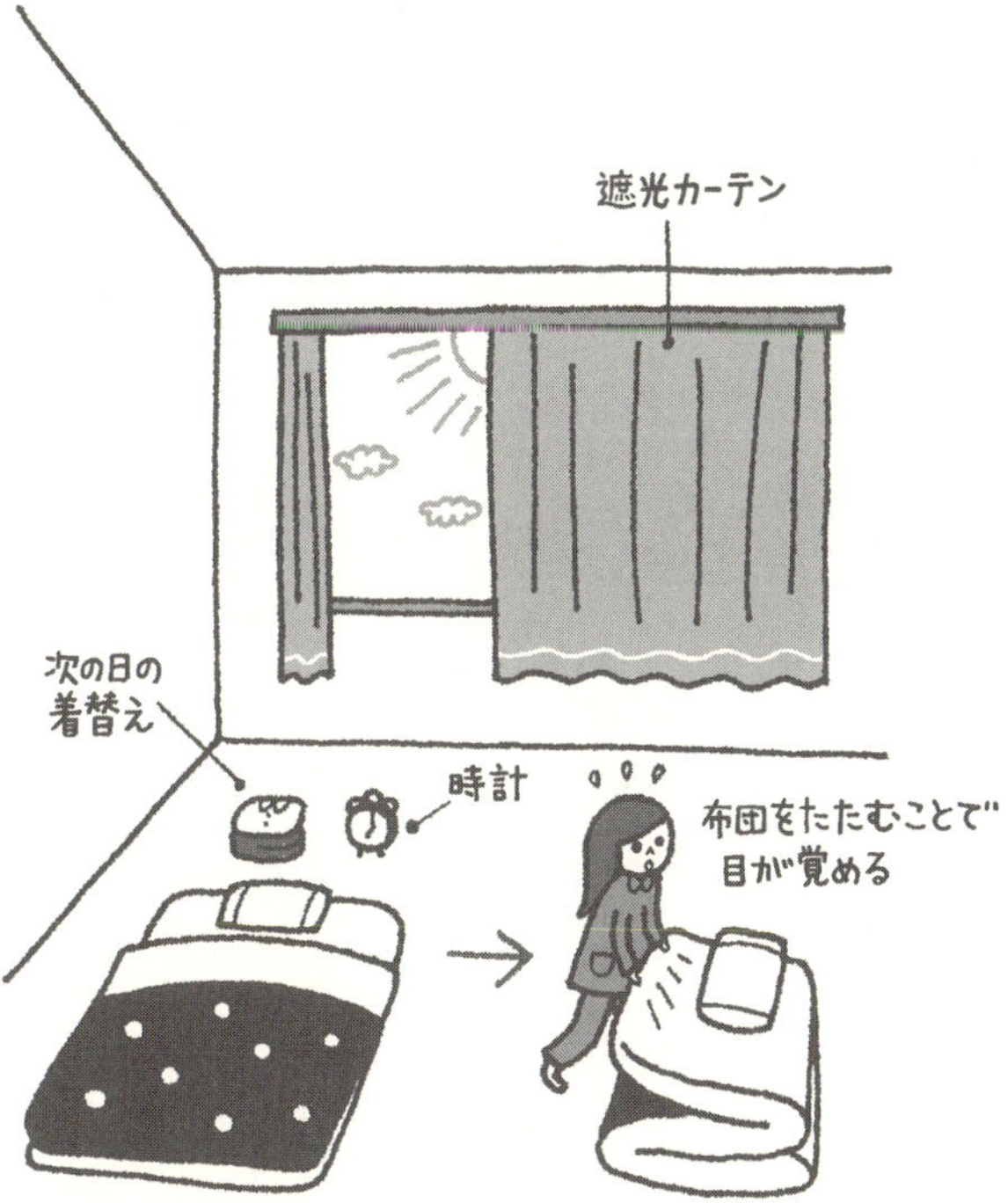
遮光カーテン
次の日の
着替え
時計
布団をたたむことで
目が覚める

す。

朝は、自然の光で目覚めたいものです。一番早起きした人が、寝室など各部屋のカーテンを開けて回りましょう。冬は日が昇るのが遅いので起床時間も遅くなってしまいますが、そこはあまり神経質にならなくていいと思います。自然に任せましょう。最近は、タイマーをセットしておくと段々明るくなる照明もあるので、そういうものを利用してもいいでしょう。

ベッドか布団かは好みの分かれるところですが、どちらでもいいと思います。自分に合ったものを選び、ぐっすり眠ることが重要です。

ただ、布団には、「朝起きたら布団を畳む」という生活習慣ができるメリットがあります。布団を畳むと二度寝はできませんから、「起きるぞ！」という覚悟も身につきますし、布団の上げ下げは適度な運動となって脳を眠りから目覚めさせます。

トイレは長くいられる工夫を、お風呂はリラックスを重視

トイレは大事なスペースです。大げさかもしれませんが、そこにこもる時間は、生物として非常に重要な時間です。トイレに長くいて、出すものをしっかり出すのが健康につながります。

ですから私の理想は、トイレのミニ書斎化です。本棚を置いて読書したり、音楽を聴いたり、とにかく長くこもれる工夫をしたトイレ。幅45センチぐらいの起倒式の机を作り付けて、便座に座りながら書き物ができると最高です。

また、トイレは集中して考え事ができる時間とスペースでもあります。トイレで暗記をするとなぜか忘れない、という人も多いのではないでしょうか？子ども部屋同様に、漢字の一覧表や日本地図などを貼るのも効果的です。

一方、お風呂はリラックスとコミュニケーションの場です。ゆっくり湯船につかりながら1日の疲れを取り、子どもと今日学校であったことなどを話しましょう。

私はお風呂に1人で入るようになってからは、音楽を聴いたり読書をして、ゆっくり過ごしています。疲れを癒す、大事なリラックスタイムです。特にお風呂場で音楽を聴けるようにすると、とても快適です。防水のミュージックプレイヤーを使ってもいいですし、これから新築するなら浴室用スピーカーをつけてもいいでしょう。調光式の照明もリラックス効果があります。

日本では、お風呂で親子一緒に九九を覚えたり、あいうえおやアルファベットなどを教えるのが伝統的に盛んです。我が家でもしていましたが、頑張りすぎには注意。あまり熱心にやりすぎると、子どもも親もリラックスできません。

子どもとの入浴は楽しいものです。しかし、最近は子どもが17、18歳と大きくなっても一緒にお風呂に入る親子がいるという話を聞きますが、これはやり

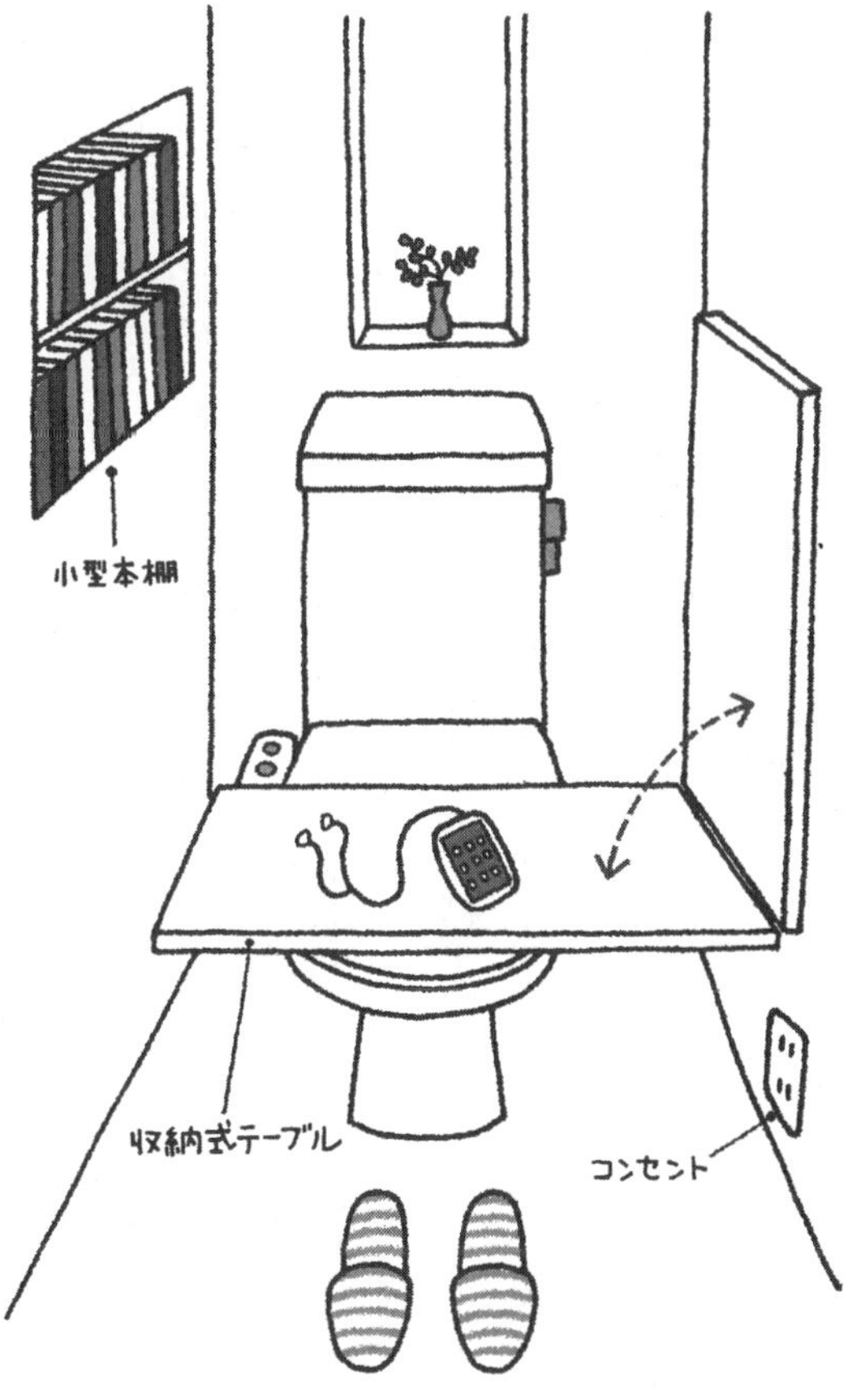
小型本棚
収納式テーブル
コンセント

すぎでしょう。教育の最終目標は、子どもを自立させることです。親子仲がいいのは望ましいことですが、仲がよすぎてべったりでは、いつまでたっても子どもは自立できません。

私自身、娘と最後にお風呂に入ったときのことを、今でも鮮明に覚えています。娘が小学5年生になったとき、「今日で最後にしよう」と心の中で決めました。そういう決意が、いつかは必要。子どもを突き放さないといけません。

蛇足《だそく》ですが、脱衣所にはある程度の収納可能な棚があると便利です。洗面所や脱衣所には、意外と収納がないもの。私はホームセンターで棚を買ってきて、洗面所・脱衣所に置いていました。この棚に家族の着替えを入れておき、入浴するときは脱衣かごに服を入れて、お風呂から上がったら棚から自分の着替えを取り出して、自分で着る。この習慣を子どものころからつけさせましょう。

脱衣所に着替えを置くと湿気《しっけ》てしまわないか少し心配でしたが、杞憂《きゆう》でした。着替えは毎日入れ替えるので、湿気は気にしなくても大丈夫なものです。

仏壇は祈りの場所であり、信仰心を育む

家に置くべきかどうか迷うのが、仏壇です。

若いころには「仏壇なんていらない」と思うでしょうが、自分の親が亡くなると仏壇の必要性を感じてきます。親が死ぬと心にぽっかり穴が開いたようになり、それを埋めるものとして仏壇を求めるようになるのです。

家に「祈りの場」があることは、子どもの教育上好ましいことです。私は無神論者ですが、信仰心は大切だと考えています。人間は必ず死にますし、人生の時間は有限です。でも人間の心は弱い。その心の弱さを補うのが、信仰心です。子どものころには分からなくても、大人になってからその意味を知ればいい。仏壇がなくても、お彼岸《ひがん》やお盆のお墓参り、お地蔵さんへのお参りなどは子どもに伝えていきたいものです。

また、ご先祖様に感謝するという気持ちも大切です。ご先祖様のおかげで、自分がいる。いくつもの命のリレーで自分が生まれ、自分も子どもや孫に命のバトンを渡していくと思うと、人間は安心できます。自分はひとりぼっちじゃない、存在理由があるのだと実感できる。そして自分が生かされていると感じることができるのです。

例えば私が百年後の世界を見るのは無理ですが、私に孫ができれば、その子は百年後の世界に生きている。そう考えると感動します。命のリレーは、時間と空間を超えるのです。

この命のつながりを象徴しているのが、祖父母の存在です。私も子どもに、「正月はおじいちゃんおばあちゃんに会いに行きなさい」と言っていますし、子どもも会いに行っています。親と同居するケースが激減しているからこそ、祖父母を大事にする気持ち、祖父母に感謝する気持ちを、子どもに教えてあげたいと思います。

庭は、心の豊かさの象徴

庭は家族の憩《いこ》いの場であり、趣味の場であり、友人や近所の人々との交流の場として、とても有効です。

庭があると、いろいろなことができます。どろんこ遊びやキャッチボールなどの遊び、運動、家庭菜園や花壇、そして友人を招いてのパーティなど。私が昔住んでいた家では、毎月のようにバーベキューをやっていました。肉を焼いていると、そのにおいに釣られて近所の子どもたちが「食べさせて」と遊びにやってくるのです。そういう環境で育ったせいか、私の子どもたちは今でもしょっちゅう友だちを連れてきます。

庭があると、友だちを招きやすい開かれた家になります。庭には、人を招く力があるのでしょう。昔の農家を見るととても庭が広くて驚かされますが、あれは近所とのつきあいも考えて、広い庭にしているのではないでしょうか。庭は、心の豊かさの象徴ともいえます。

同時に庭は、金銭的な豊かさの象徴でもあります。一戸建てでも庭がない家は多いもの。みんな家を広くしたいから、庭が割を食わざるをえない。私が今住んでいる家も、庭がありません。

もう一度家を建てるとしたら、ゆったりできる庭がほしいと思います。花壇や家庭菜園づくりを楽しめて、キャッチボールや運動ができるような庭が理想です。

家づくりは、最初から完璧を目指してもムダ

家を建てるとき、リフォームするとき、模様替えするときなどは、家族みんなで考えましょう。家は、家族全員が幸せになれる場所であるべき。だから、みんなの希望を取り入れながらワイワイ話し合うのです。

家についての話し合いは、親が持っている家に対する価値観や、「こういう家にしたい」という幸福像を子どもに伝える重要な機会でもあります。例えば子どもが「自分の部屋にテレビが置けるように、アンテナ線を取り付けてほしい」と言ってきたら、「だめ。それでは家族がバラバラになってしまう」と説明するのです。

子どもが成長するまでは、子ども中心の家でいい。でも子どもが巣立った後の生活も考えておきたいものです。子どもの成長に合わせて、フレキシブルに変えられる余地があるといいでしょう。子ども部屋が間仕切り等で分割できるようにしておくのも、その一例です。

家を建てる際には、最初から「完成型」をつくろうと思わず、将来リフォームすることを前提で考えればいいと思います。子ども部屋の内装も、小さいころは明るめの壁紙などにしておいて、大きくなったら渋めに替えてもいい。最初から完璧を目指しても、答えが出ずに堂々巡りになったり、不都合が起きてがっかりすることも多いはずです。

家に、「正解」はありません。家族の成長に合わせて、家も成長していけばいいのです。

私は仕事の関係でこの十数年間の間に何度も引越しをしましたが、一番印象強いのは、私が広島県尾道市の公立小学校校長時代に住んでいた家です。築30年の家でしたが、つくりが非常にしっかりしていて、広い家でした。

この家は、フローリングのダイニングキッチンと和室がつながっていました。住んでみると、すごく使い勝手がいいのです。玄関も広く、とても雰囲気がいい。また、プライベートスペースとパブリックスペースがしっかり切り分けられているのも便利でした。1階はダイニングキッチンと和室、少し離れたところにあるリビングは、来客の応接などで使えるパブリックスペース。和室は雪見障子で区切ることもできました。そして2階はプライベートスペース。とてもよく考えられた家であると、暮らしてみてよく分かりました。

「昔この家に住んでいた家族は幸せだったろうな」と確信できる家でした。

子どもが快適に暮らせる家は、親も快適に暮らせる家

家づくりは子どもの成長に配慮する必要があります。しかし、子ども中心になりすぎて大人の生活がないがしろにされたのでは、ストレスがたまります。大人の空間や時間も確保し、大人もくつろげる家にしましょう。子どもが快適に暮らせる家は、親も快適に暮らせる家であるはずです。

そこで、ここからは少し、お父さんお母さんにとっての幸せな家について書いてみましょう。お母さんのキーワードは、「家事」と「友だちづきあい」。そしてお父さんのキーワードは、「趣味」と「書斎」です。

家にいる時間が一番長いのは、お母さんであることがほとんど。よって、お母さんが快適に過ごせる家をまずは考えましょう。

男性なら書斎のような自分専用のスペースが必要ですが、女性には専用の個室はあまり必要ないと思います。リビング、キッチン、ダイニング、和室など、生活空間すべてがお母さんのスペースだからです。

よって、まずはお母さんが中心になってする料理、洗濯、掃除などの家事がしやすいつくりにしましょう。特に水回りは重要です。キッチンや洗濯機、お風呂場が効率的に使いやすいかどうかを考えましょう。生活のありとあらゆる場面を想定し、動線もチェック。お風呂から出ると玄関から丸見えだったり、キッチンの目の前に階段があったり、そういう失敗がないように想像力を働かせて、生活の場面ひとつひとつを検証するのです。

また、女性は、服が好きです。時と場合に合わせて、いろいろな服を着ます。仕事に行くときはビジネスウーマンらしい服装、家では家事がしやすく、子どもを抱いたりするので動きやすく天然素材の服、夫婦で出かける妻としての服。服だけでなく、表情や雰囲気《ふんいき》まで変わります。ＴＰＯに合わせて変身し、それを楽しむのが女性。だから、家にも変身用のスペースがあるといいでしょう。例えば和室に大きな姿見を置いて、ここでファッションショーができるようにしておくのもオススメします。

さらに、女性にとって友だちづきあいはとても大切です。ママ友や近所の方を気軽に招きやすいリビングや玄関、庭にしましょう。

とはいえ、家にこもりっぱなしは精神衛生上よくありません。総じて女性は、出かけるのが好きですし、出かけることがストレス解消になりますから、外出しやすい家かどうかが重要になってきます。

これから新居を考えているなら、立地や交通の便を重視しましょう。特にポイントとなるのは、近くに商店街があるかどうかです。女性にとって、商店街で買い物をするのは楽しいもの。特売品を選んで買ったり、各店で値段を比較して安く買うのも、ストレス解消になります。新しい土地に引っ越して周りに知り合いが1人もいないという状態のときは、お店の人と交わす商店街での会話が、お母さんの心を癒してくれます。

「駅が近い＝出かけやすい」ということなので、駅が近いかどうかも、ポイントです。最近、定年退職して都心に移り住む人が増えていますが、よく分かる話です。都心はアクセスがいいので、どこにでも出かけやすい。家にこもりきりだとストレスがたまりますし、運動不足にもなりますから、定年退職後に交通の便がいい場所に移住するのは正解でしょう。

駅が近いと、通勤時間も短縮できます。私が今まで住んできた家は、通勤の便利さを重視してきました。通勤時間を短縮して、仕事と家族との団らんの時間を確保するのがねらいだったのです。子どもの通学を考えて学校に近い家を選ぶ人も多いですが、実はこれはそれほど重要ではないと思います。子どもはどんどん歩かせた方がいいのです。朝しっかり歩けば目も覚めます。

「暮らしやすい」とは、「快適に生きられる」こと。生活の場面を1つずつ検証して快適に住めるかを具体的に考えなければなりません。「快適そうだ」という漠然としたイメージで家を選んでは、住んでみてから痛い目に遭います。

お母さんが友だちづきあいを大切にするのに対し、お父さんは1人の時間、趣味の時間を大切にします。ぜいたくなようですが、できればお父さんが1人で、ゆっくり趣味に浸れる時間とスペースを確保したいものです。その1つが書斎。私の書斎は、趣味である音楽を満喫できるようにしました。退職した後にどんな生活を送りたいか、どんな時間を過ごしたいかも考えて、書斎を考えましょう。

第2章

頭のいい子が育つ「暮らし方」

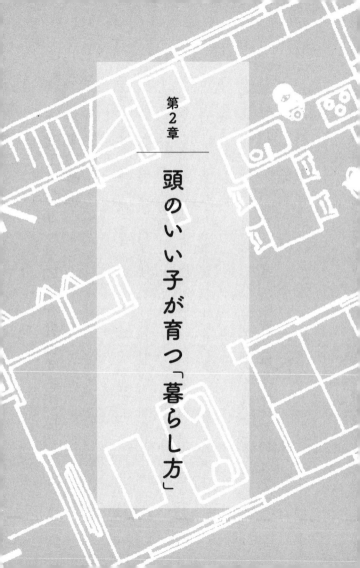

子育てで家が一番効果を発揮するのは、小学校時代

「早寝早起き朝ご飯」「読み書き計算」など、私たちが提唱してきた取り組みは世の中に認められ、着実に広まりました。文部科学省も、平成18年より「早寝早起き朝ご飯」を国民運動として呼びかけ（子どもの生活リズム向上プロジェクト）、多くの学校や自治体でも、同様の取り組みがスタート。朝食を取る子どもたちは年々増え続け、平成22年度には小学生の89・0％が毎日朝食を取るようになりました（図1）。

かつて世の中は、「学力向上には、正しい生活習慣が不可欠」と気づき、「子どもを成長させるには、学校だけでなく、家庭も大事なのだ」という方向へ移ろうとしていました。多くの人が、早寝早起き朝ご飯にシフトし始め、夜更かし・朝食抜きの生活を改めようとしていたのです。

図1　朝食を毎日食べていますか

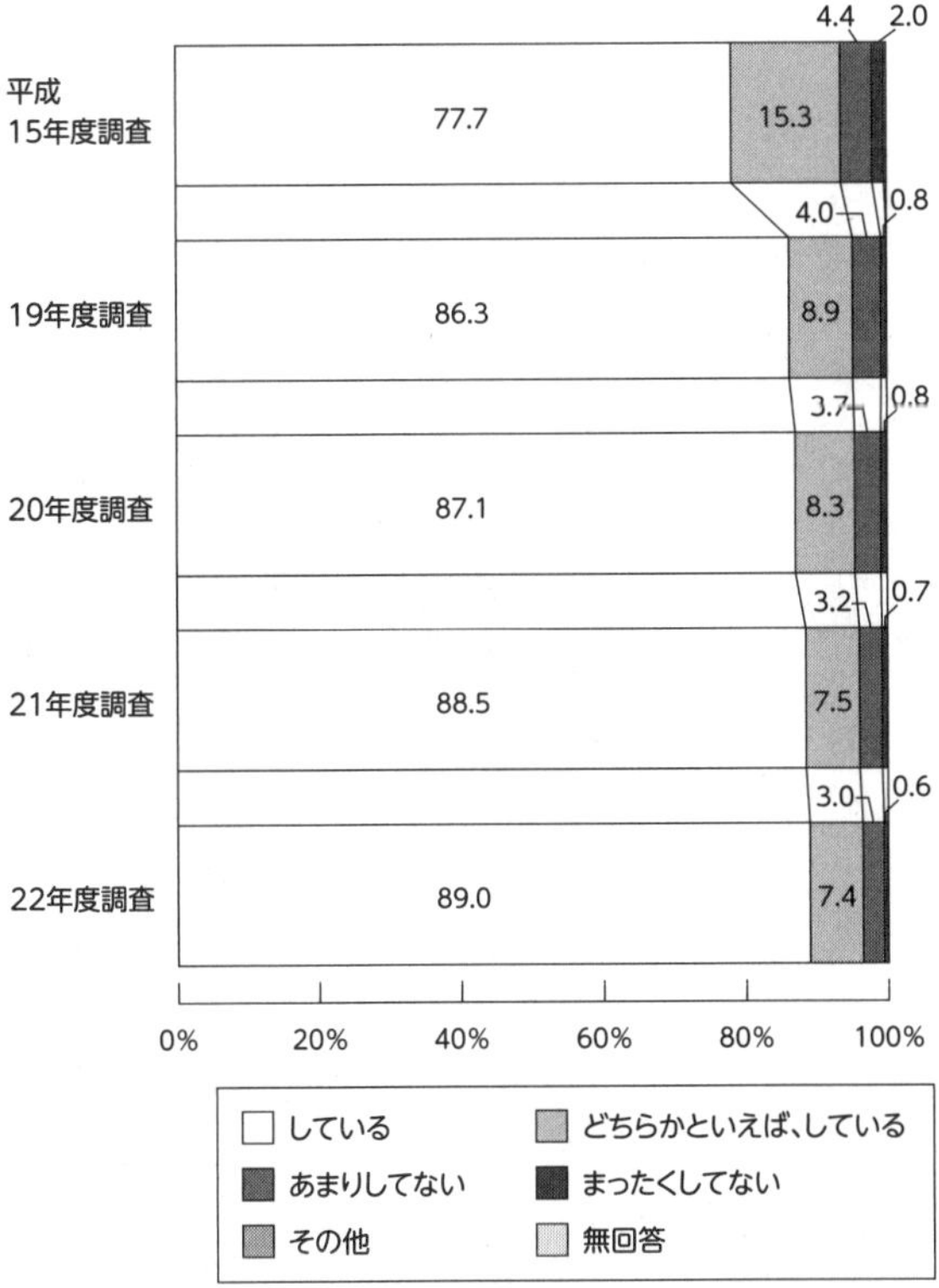

「平成29年度　全国学力・学習状況調査　報告書（質問紙調査）」
（国立教育政策研究所）
(http://www.nier.go.jp/17chousakekkahoukoku/report/data/17qn.pdf)
をもとに作成

これは、決して間違った方向性ではないはずです。これを、まるでブームが去ったかのように忘れてしまうのではなく、今後もそれぞれの家庭でしっかりとした生活習慣を身につけさせましょう。「共働きの我が家では無理」といった泣き言を、いつまでも聞いてくれるほど社会は甘くありません。自分の子どもは、自分の家庭で、しっかり育てなければいけません。

子育てで「家」が一番効果を発揮するのは、実は小学生時代です。中学生になると、部活があったり、塾で帰宅が遅くなったりと、生活リズムが激変します。家族の時間も取りにくくなりますし、そもそも子どもが親と一緒に過ごしたがりません。中学生になると、もはや家の構造やつくりがどうこうではなくなってくるのです。

だからこそ、小学生時代に、しっかりとした暮らし方で成長させてほしいのです。第2章では、「暮らしの在り方」について、書いてみたいと思います。

朝は「黄金の時間」!

朝は「黄金の時間」です。私も、昔から朝の時間を大切にしてきました。心地よい朝を迎えることが、1日を有意義なものにします。朝の時間の過ごし方が生活の柱になると思っています。

一番いいのは、早起きをして、散歩や運動をすることです。我が家でも子どもが小さいころは、犬の散歩を兼ねて子どもと一緒に15分から20分ぐらい散歩をしていました。運動会やマラソン大会が近い時期は走ったりもしました。

散歩や運動の後には、子どもに百ます計算や音読などをさせることもありました。私が自分の学級用に作ったプリントを解かせていたこともあります。時間は、10分から15分程度。前述したような窓際の横長机に座って、朝日を感じながら勉強させました。

こういった朝の活動は、学習の定着や体力向上というより、本番、つまり学校に向けての準備運動的な意味合いが強いと思います。脳も体も元気に目覚めた状態で学校に行き、スムーズに学べる体勢を整えるのが目的。いわば、1日を気持ちよく過ごすための、ウォームアップと考えてください。

朝日を体中に浴びると、頭が目覚めます。脳が眠りから覚めて、1日を過ごす準備が整います。

このことは、科学的にも証明されています。朝日を浴びると、「セロトニン」という脳内の神経伝達物質が分泌されます。セロトニンは、起きている間はいつも一定のリズムで分泌され、体を元気に活動的にしてくれます。体内時計も整えてくれるので規則正しい生活ができるようになり、夜更かしをせずぐっすり眠れるようになります。

また、セロトニンには、気持ちを落ち着かせる効果もあります。セロトニンがしっかり分泌されていれば、脳が活発に働き、気持ちがすっきりして落ち着き、前向きな気分になれるのです。イライラしたりキレたりする子どもが最近多いのは、夜更かし型の生活になってこのセロトニンが不足しているからではないかともいわれています。

セロトニンは、心と体を整えてくれます。朝の活動をし、太陽の光をしっかり浴びてセロトニンを出すことで、学校で勉強や運動をする準備が整うのです。

子どもだけでなく、大人にとっても朝は大切な時間です。私も昔から朝型人間でした。夜は早寝し、朝早く起きるのです。朝の3時（朝というより、ほとんど深夜ですが）から学校に行って、仕事をしていたこともあります。高校生のころは、夜は9時に寝て、そのかわり朝は3時に起きて勉強していました。同級生が『セイ！ ヤング』や『パックインミュージック』を聞いていたころ、私は『走れ！ 歌謡曲』を聞いていたわけです（同世代の方にしか分かりませんね）。

今でも、朝の時間は大切にしています。犬を連れて散歩したり、読書したり、新聞を読んだり。コーヒーを飲みながらボーっと考え事をすることもあります。大事なことを思いつくのは、だいたい朝と決まっています。

そういえば、ある大手電機メーカーの一部の部署では、朝7時半からミーティングが始まるそうです。朝6時半くらいになると、その会社の周りは社員と魚屋さんだけが忙しげに歩き回っているのだとか。「朝を制する者はすべてを制す」、「早寝早起きは三文の徳」。昔からあることわざは、やはり正しいのです。

朝の時間に何をするかは、その都度考える。それでかまいません。無理に「○○を毎日しなきゃ!」と考えることはありません。

子どもの課題は、刻々と変わります。漢字の成績が気になったときは漢字ドリルをやればいいし、体力をつけさせたいと思ったら走ればいい。その都度、子どもに必要だと思われることをすればいいのです。

三日坊主でもいい。三日坊主も1年に何十回と繰り返しているうちに、コツがわかってきてかなりの効果が出ます。

「しなきゃ」「すべき」でがんじがらめになると、親も負担になって長続きしませんし、疲れてしまいます。子育ては長いし、人生も長い。親も子どもも、無理のないように、心に余裕を持って取り組みましょう。

ポイントは、「親子で一緒にする」ということです。毎朝、親子で何かをすることは、重要なコミュニケーションの時間になります。毎日でなくともいいのです。親子でその時々、楽しむような感覚で何かに一緒に取り組む。それが後で大切な家族の思い出になります。

家族みんなが朝からシャキッとしている姿は、さわやかで気持ちがいいものです。子どもたちが巣立った今でも、家族みんなで朝ご飯を食べたり読書したりしている朝の風景を、私はよく思い出します。

そして、これはなかなか自分自身ができていないことなのであえて書くのですが、着る服や持ち物などの準備は、前日の夜のうちにやらせておきましょう。そうしないと、朝にバタバタする結果となり、余裕を持った黄金時間を過ごすことができません。

朝ご飯を抜くと、学力も体力も落ちる!

毎日3時間しか寝ていないという子どもはあまりいませんが、毎朝朝食を取らない子どもはまだまだいます。これはとても深刻なことです。スポーツ庁の調査によると、朝食を毎日きちんと取らない子どもは、小学生で約15%もいます(図2)。

朝食を毎日取らないことが、どれほど恐ろしいか。どれほど子どもの脳と体に深刻なダメージを及ぼすか。みなさん、ご存知でしょうか。最近は、数々の調査やデータで、朝食を毎日取ることの大切さが証明されています。

まず、学力。平成29年度の「全国学力・学習状況調査」によると、朝食を毎日取る子どもは正答率が高いことが明らかになっています。しかも、朝食をま

図2　朝食は毎日食べますか

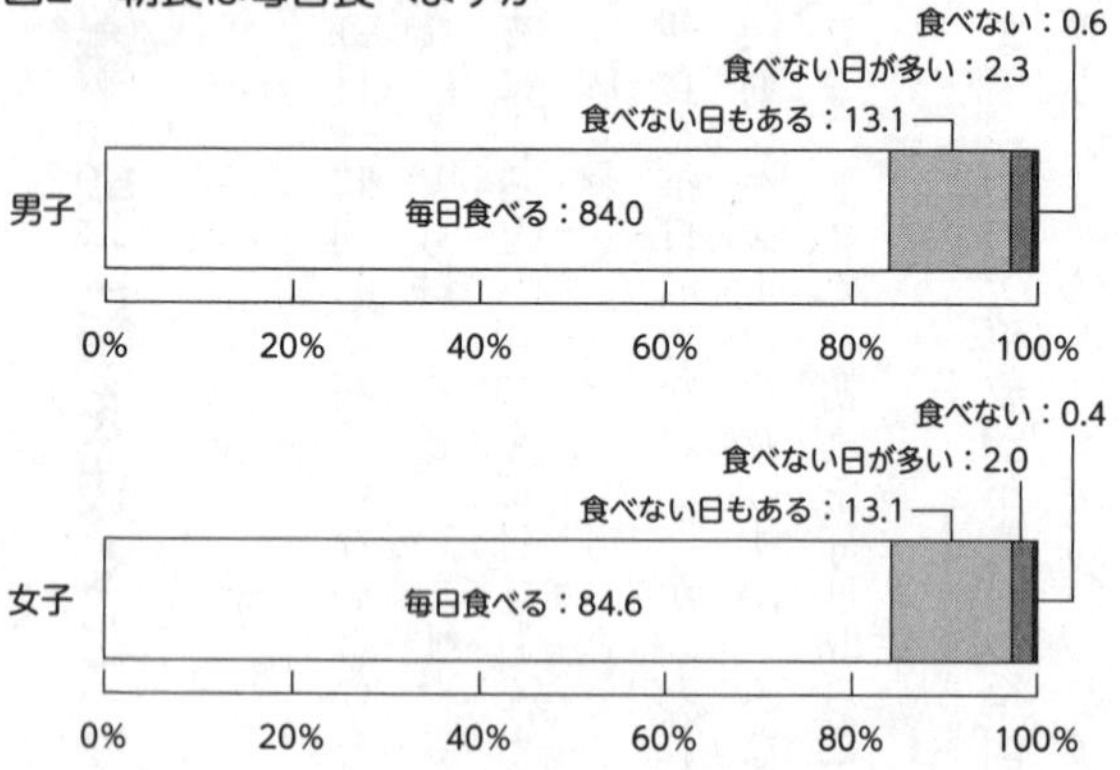

「平成28年度　全国体力・運動能力等調査結果」（スポーツ庁）
(http://www.mext.go.jp/prev_sports/comp/b_menu/other/__icsFiles/afieldfile/2016/12/15/1380511_02.pdf)
をもとに作成

ったく取らない子どもとの差は驚くほど大きく、最大で20ポイント近い開きがあります。この調査では、「朝食を毎日食べる」「どちらかといえば食べる」「あまり食べない」「まったく食べない」というように子ども別に正答率を分析していますが、朝食を取る機会が多い子どもほど学力が高いという結果がハッキリと出ています（図3）。

睡眠時間は少ないけれど成績はよい、というデータを見たことはあります。それは寝る時間

図3　朝食を毎日食べていますか

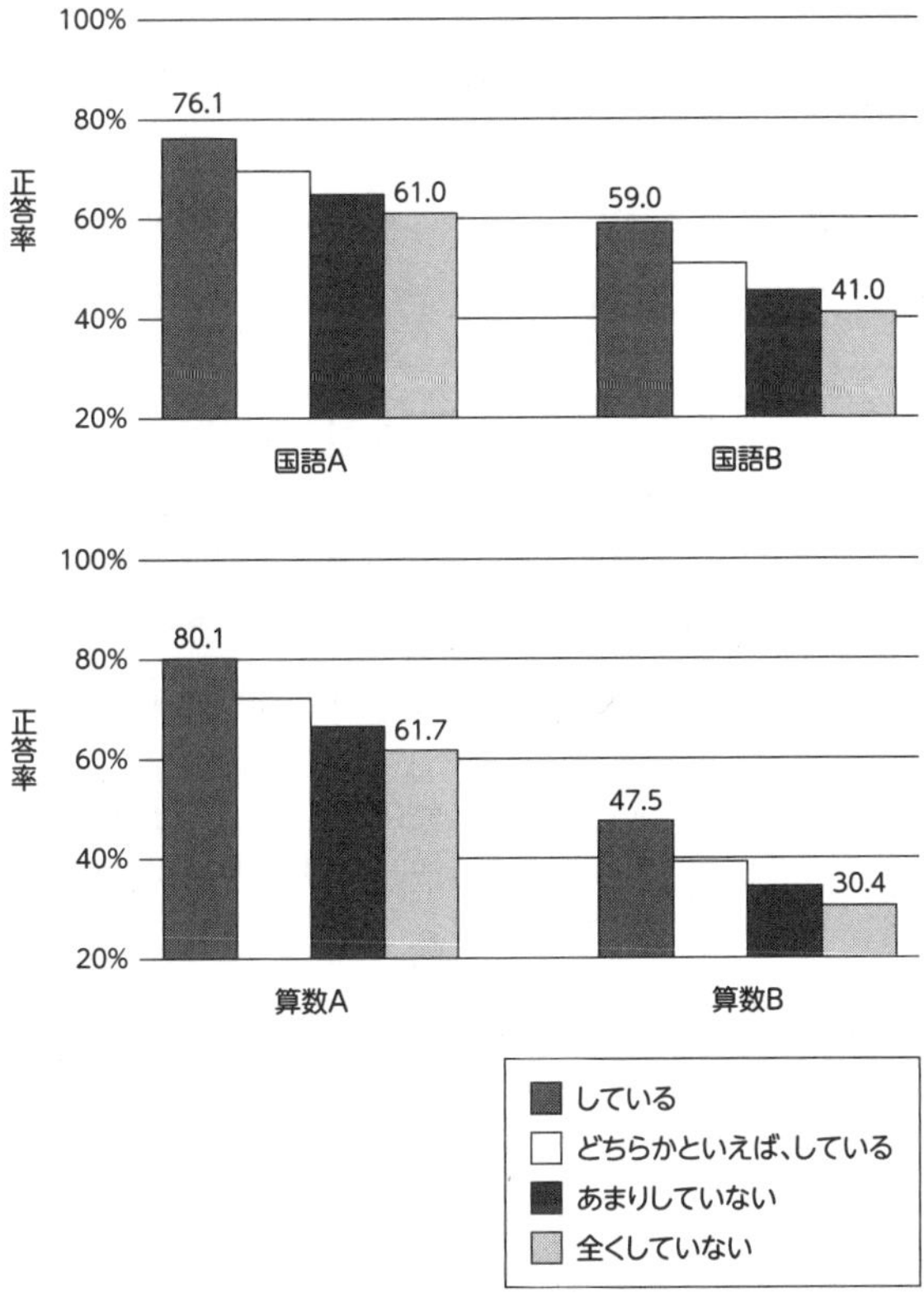

「平成 29 年度　全国学力・学習状況調査　報告書（質問紙調査）」
（国立教育政策研究所）をもとに作成

図4　朝食の有無に対する知能指数

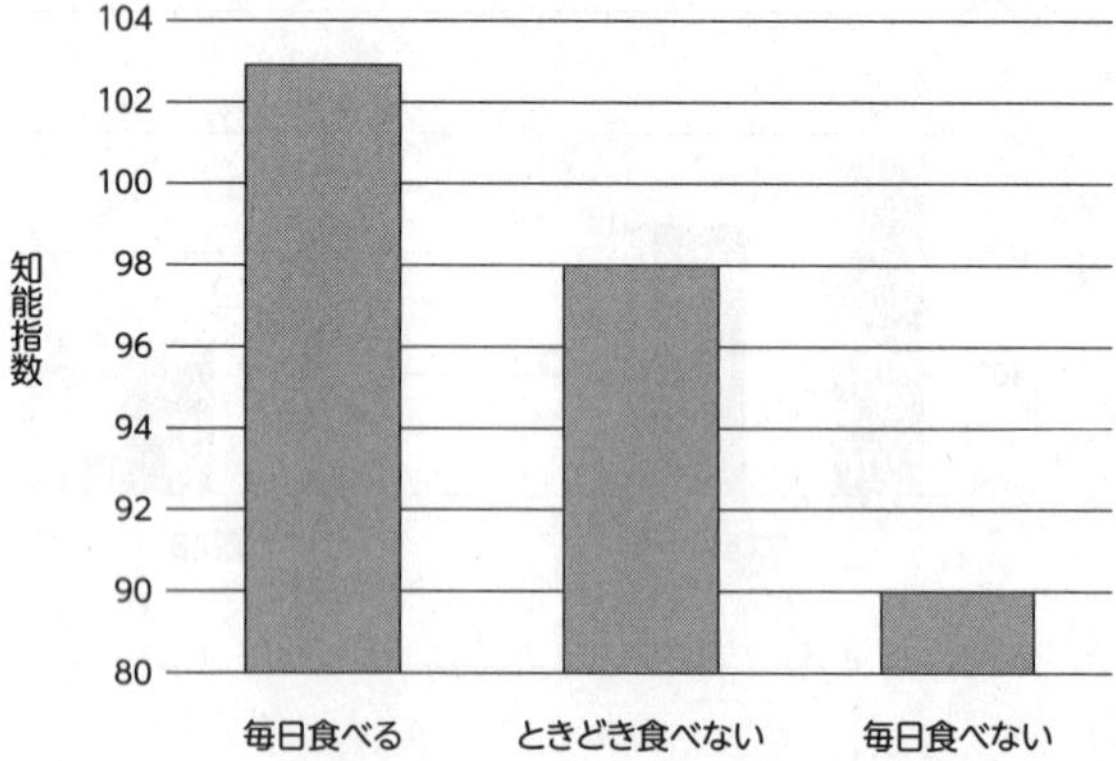

出典：『学力は1年で伸びる！』江澤正思・陰山英男／著（朝日新聞出版）

を削って勉強しているからです。

特に都市部の子どもに多く見られます。しかし、朝ご飯を食べていないけれど成績はよい、というデータは、今まで一度も見たことがありません。

要は「朝ご飯を食べると、頭がよくなる」というより、「朝ご飯を抜くと学力が落ちる」と言った方がいいでしょう。寝る間も惜しんで勉強して、朝食を抜いて学校へ行くなんていうのは、ナンセンスです。

毎日の朝食を抜くと、成績が下

がるだけでなく、知能指数も落ちることが分かっています。この調査結果を見れば、毎朝朝食を子どもに食べさせていない保護者はゾッとするのではないでしょうか（図4）。

脳だけではありません。朝食を抜くと、体力も落ちます。スポーツ庁の調査で、朝食を毎日取る子どもほど体力合計点が高くなることが分かっています（図5）。

「毎日朝ご飯を食べるとよい」ではなく、「食べないと危ない」のです。朝ご飯を毎日取るのが普通であり、食べないことは恐ろしいことなのです。

勉強時間を増やすことより朝食を取る方が、明らかに学力向上に効果的です。「勉強より朝食」。これは正直、教師としてはうれしいような情けないような気持ち。だって「結局は朝食か！」ということですから。

かといって、朝から豪華な食事にする必要はありません。我が家の朝食は、みそ汁、昨日の夕飯の残り、それにご飯という程度でした。

図5　朝食の摂取状況と体力合計点との関連

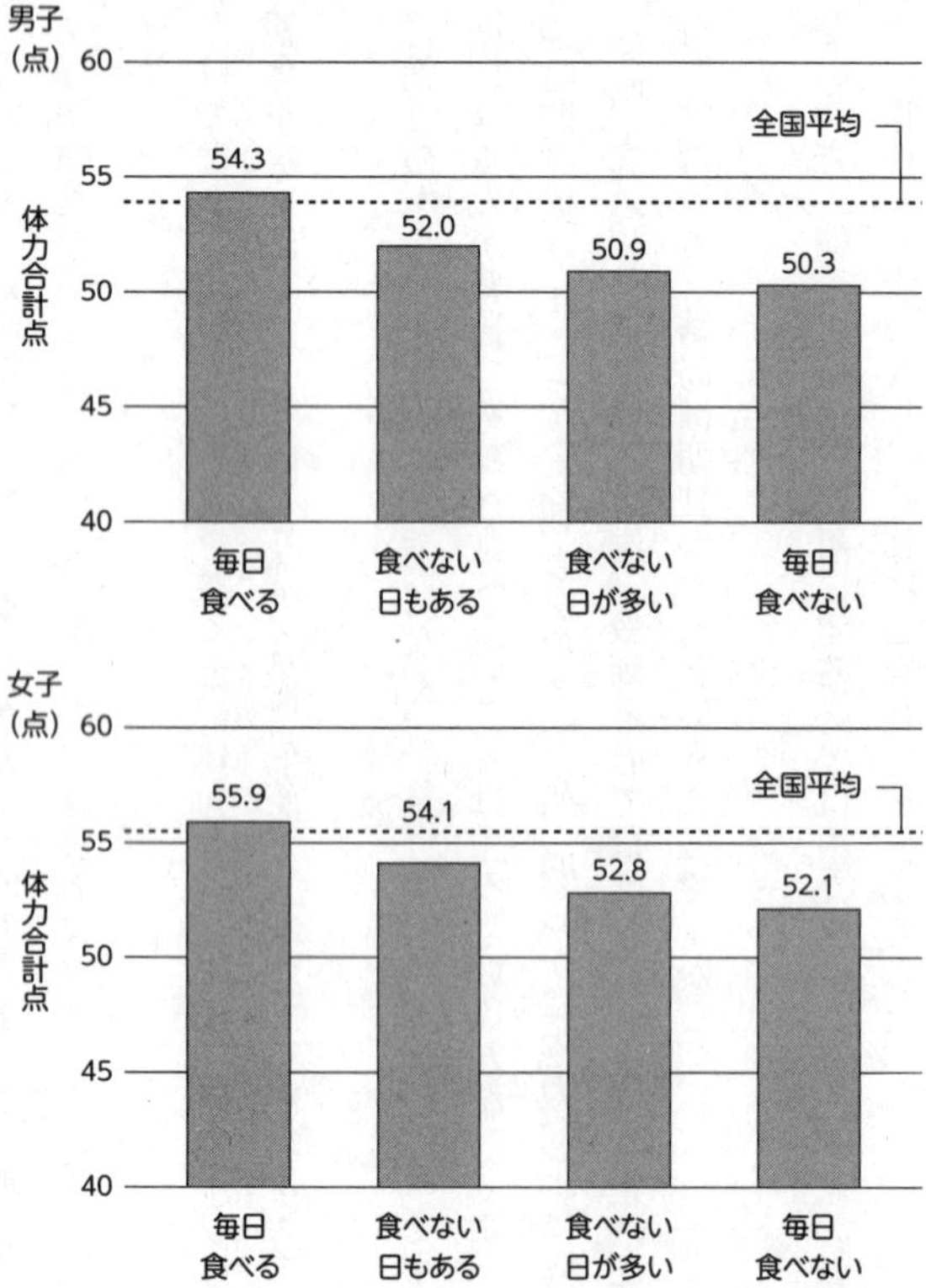

「平成 28 年度　全国体力・運動能力、運動習慣等調査」
（スポーツ庁）をもとに作成

朝食を取ると、顔の筋肉が動き、脳が刺激を受けて、前述した元気のもとであるセロトニンが分泌されます。セロトニンにしっかり働いてもらうには、そのもとになる「トリプトファン」というアミノ酸が必要です。トリプトファンは牛乳やチーズ、バナナや卵の黄身、落花生などに多く含まれていますが、きちんとバランスの取れた食事をしていれば、それほど意識しなくてもいいでしょう。

ちなみに、朝食を取ると体温が上昇し、体が活動するための準備が整います。朝食を食べる人は、食べない人に比べて体温が上昇した状態を維持できることが分かっています。体温が高く、体が活動モードに入っているということは、それだけ勉強や運動の効果が上がることを意味します（図6）。

忙しくて朝食を作る時間がないというなら、お父さんとお母さんで分担してみてはどうでしょう。我が家も、朝ご飯を作る係は、私と妻とで半々ぐらいでした。どちらかが朝ご飯を作っている間に、もう1人が子どもの勉強を見ることもありました。

図6　朝食を食べる習慣の有無による体温上昇の違い

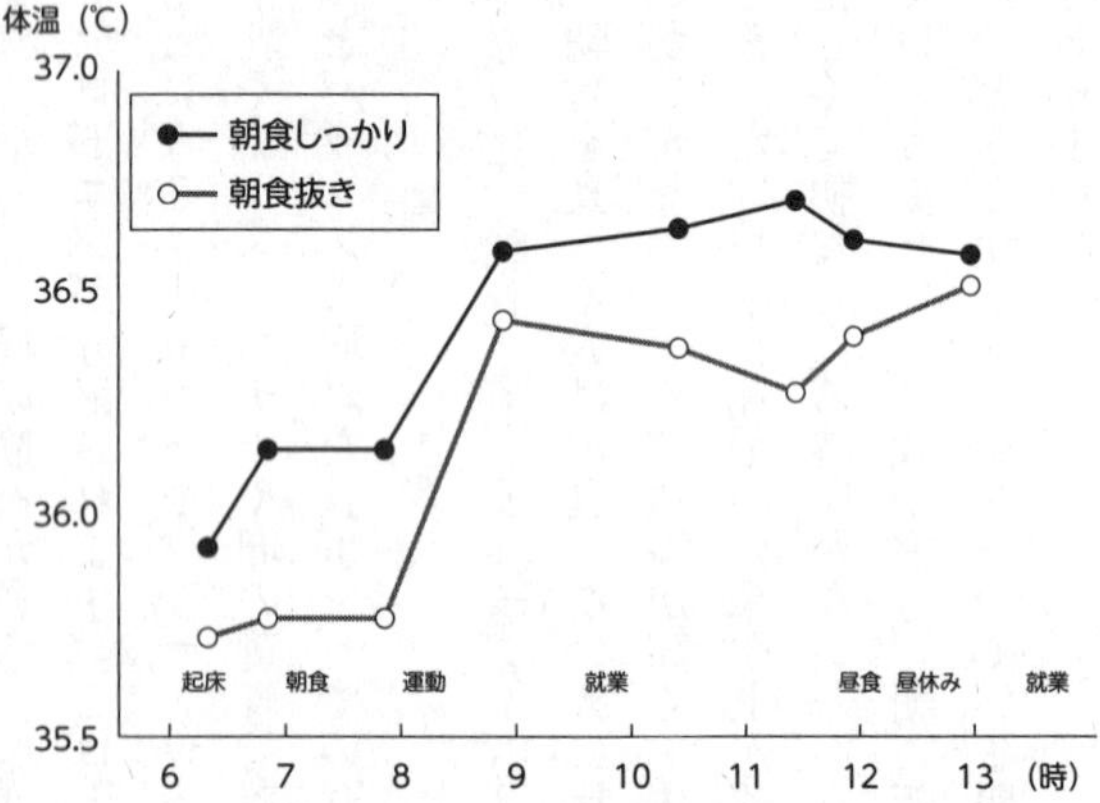

出典：『ジュニアのためのスポーツ栄養学』鈴木正成／著

　また、朝食の間は、テレビをつけずにラジオを聞くとよいでしょう。視覚の刺激は強すぎて、そこに集中してしまい、離れられなくなるのです。テレビを見ていると、ついつい見入ってしまって身支度を始めづらくなったり、次の行動をしづらくなってしまうという経験は、だれにでもあるはずです。

　その点、ラジオは安心です。耳から入ってくる情報は、視覚から入る情報ほど刺激も束縛も強くないですし、それでいて情報はしっかり入ってきます。我が家では、ＦＭラジオで毎朝同じ番組をかけていました。朝に音楽を聞くのは気持ちがいいですし、ラジオは時計がわりにもなります。このコーナーが終わったら、そろそろ家を出る時間だぞといった具合です。

テレビを時計がわりにしている家庭も多いですが、ラジオがオススメです。

「ただいま」の瞬間を見逃すな！

朝の時間と並ぶ黄金タイム。それは、子どもが帰宅してから夕食までの時間です。宿題をやるには、この時間が最適。というより、このタイミングしかありません。

夕食後は、お風呂に入ったり、明日の準備をしたりバタバタしている間にすぐ就寝時間がやってくる。それに人間は、満腹になるとホッとしてしまうので、集中して勉強に取り組むのは難しいもの。宿題は夕食前にやってしまいましょう。

とはいえ、この時間帯はお母さんも夕飯の準備で忙しい。だからこそ、キッチン近くの横長机で勉強する意味があるのです。これなら、料理をしながら、子どもを斜め後ろから見守れますし、子どもも手助けがほしければ振り返ってお母さんをすぐ呼べます。

まず、子どもが帰宅したら、その瞬間の表情や態度をしっかり観察しましょう。帰宅直後は、学校での出来事を察する絶好のタイミングです。

「ただいまー」と玄関に入ってきたとき、子どもはまだ学校の表情のままです。学校の空気を身にまとっています。それをしっかり観察し、学校での悩みやトラブルの兆《きざ》しはないかなどを読み取るのです。

共働きのため学校から帰宅した直後の子どもを見られない場合でも、子どもとしっかりコミュニケーションして、１日の出来事を話したり、子どもの表情や態度を観察して変化を読み取る努力をすることはとても大切です。

帰宅してすぐ自室にこもられてしまうと、こういった子どもの変化を読み取れません。キッチン近くの横長机で勉強させる意味は、ここにもあります。子どもが帰宅したら、まず横長机にランドセルを置いて勉強し、宿題が終わってからランドセルを自室に持って行かせるようにしましょう。

学校から帰ってくると、今日の出来事を一から十まですべて話す子どもが、学級に1人はいます。そのような子どもは、だいたい学力が高いことが多いのですが、「全国学力・学習状況調査」でも、学校での出来事を家族と話している子どもは正答率が高いという傾向が出ています（図7）。

学校での出来事を全部話せるということは、記憶力がいいということであり、学校での出来事を頭の中で詳細に再生できているということを意味します。そして話すことは、イメージ力を高める効果がありますし、脳の働きを活発化します。話すこと自体が、脳トレになるのです。

話す、音読をするなどは、声を出すことで脳のスイッチがオンになり、頭の中で情報の整理・編集作業が始まります。また、しゃべることには、スポーツと同じ効果があります。腹筋や喉《のど》、そして脳まで体全体を使うので、しゃべると元気になるのです。女性が男性より長生きするのも、おしゃべりが好きだからかもしれません。

図7　家の人と学校での出来事について話をしますか

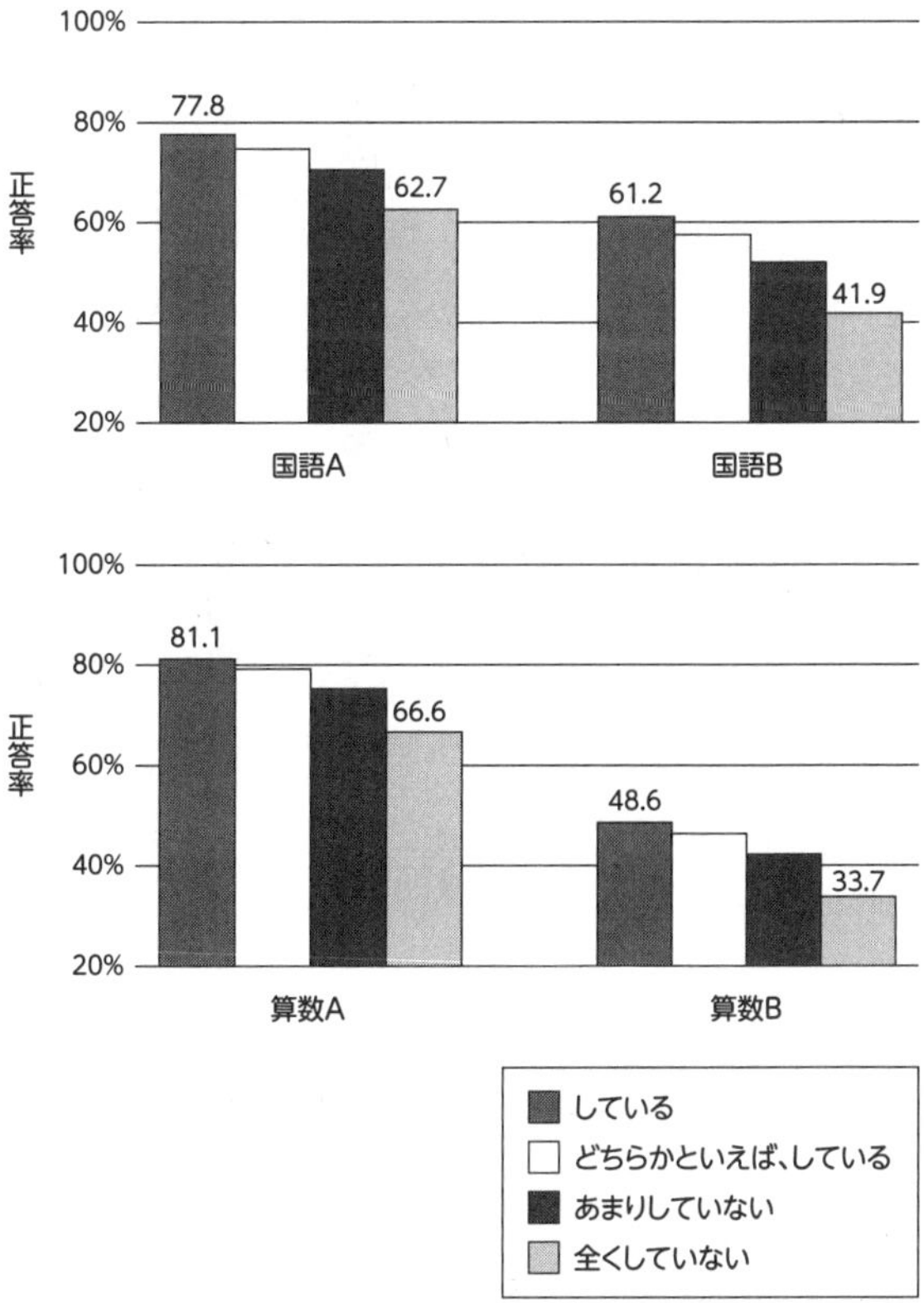

「平成 29 年度　全国学力・学習状況調査　報告書（質問紙調査）」
（国立教育政策研究所）をもとに作成

おしゃべりな子どもはいいとして、性格的にしゃべるのは苦手、という子どももいます。そういう子どもが賢くないかというと、決してそうではありません。じっと何かに集中して自分の頭の中で物事を組み立てている賢い子どももたくさんいます。

そんな物静かな子どもが時としてびっくりするような実力を見せるものがあります。それは、カルタです。カルタは、脳を鍛えます。文字札を読む声を聞きながら集中力を高め、床に散らばったたくさんの絵札を素早く見渡して、目的の絵札を探し、手を伸ばす。目と耳から入った情報を、脳がフル回転で処理するのです。まずは五十音のカルタから始め、少し大きくなったら百人一首にチャレンジするといいでしょう。百人一首は、絵札ではなく文字札を取るという点において、とても優れた脳トレの教具ですし、文字や言語への興味関心も高まります。

私はカルタをよく自作しました。社会科の「年号カルタ」や「歴史人物カルタ」、「四字熟語カルタ」なども作りました。画用紙を切って文字を書くだけなので、簡単に作れます。

またカルタは、練習すればするほど確実に上達します。成長を自覚できる、実感できるよさがあるのです。成長の手ごたえを感じられれば、自信も生まれます。そういう意味では、百ます計算とカルタは似ています。百ます計算も、限られた内容を単純な方法で徹底的に反復することでタイムが縮まり、子どもが成長を実感して、自信につながっていくのです。

子どもを本好きにするには？

私が睡眠、食事の次に家庭で子どもに是非とも習慣づけてほしいこと。それは読書です。読書が子どもの成長に好影響を及ぼすことは、数々の調査で明らかになっています。

まず、読書が好きな子どもは、学力が高い。「全国学力・学習状況調査」によると、読書が好きと答えた子どもは、好きでない子どもより明らかに正答率が高いという結果が出ています（図8）。

また、読書が好きな子どもは、知能指数も高い傾向にあります。平均して月10冊ぐらいまでは、本を読む量に応じて知能指数が高まることがわかっています（図9）。

壁一面に本がたくさんある家庭の子どもは学力が高い、と私が感じていたこ

図8　読書は好きですか

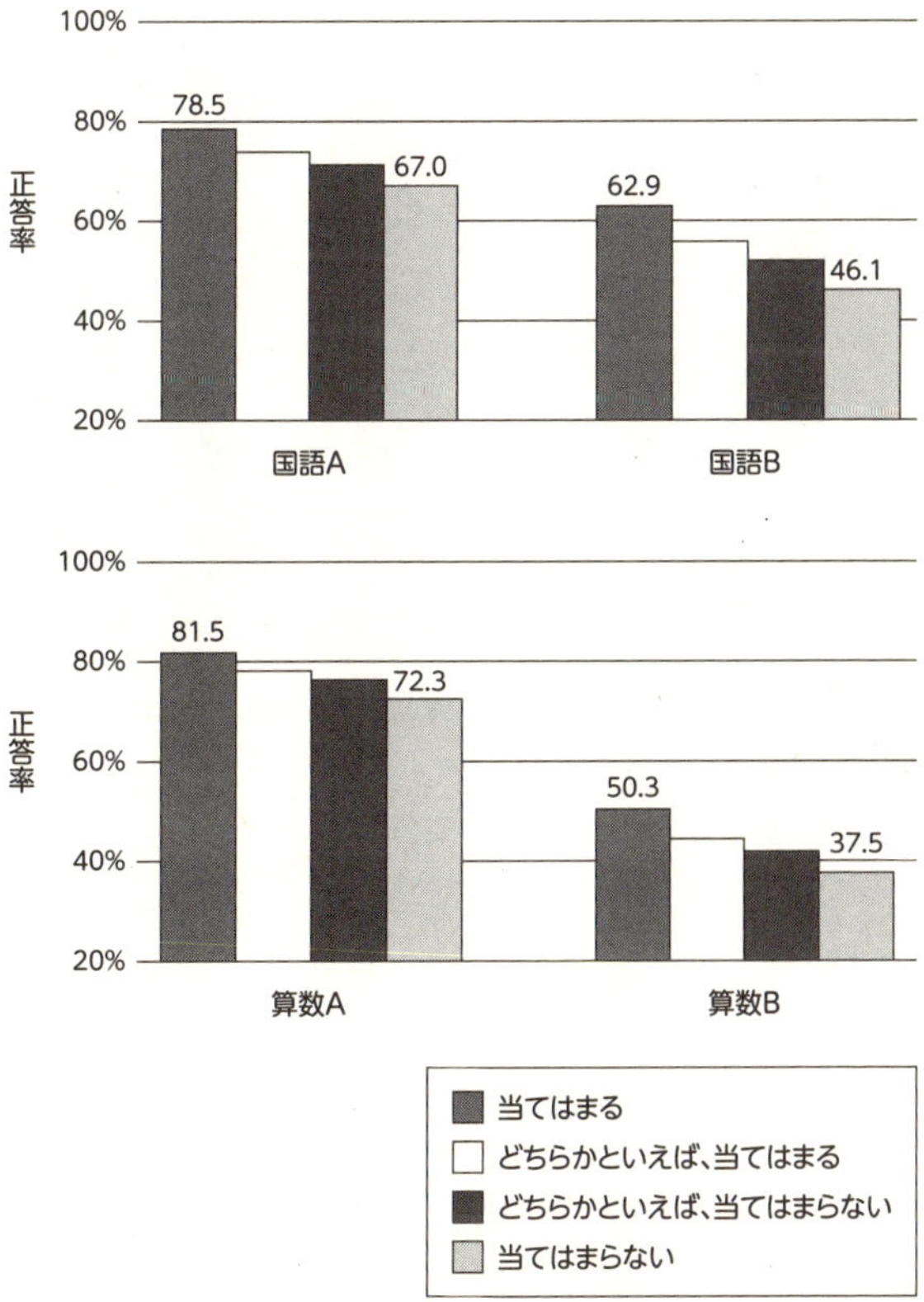

「平成 29 年度　全国学力・学習状況調査　報告書（質問紙調査）」
（国立教育政策研究所）をもとに作成

図9　読書に対する知能指数

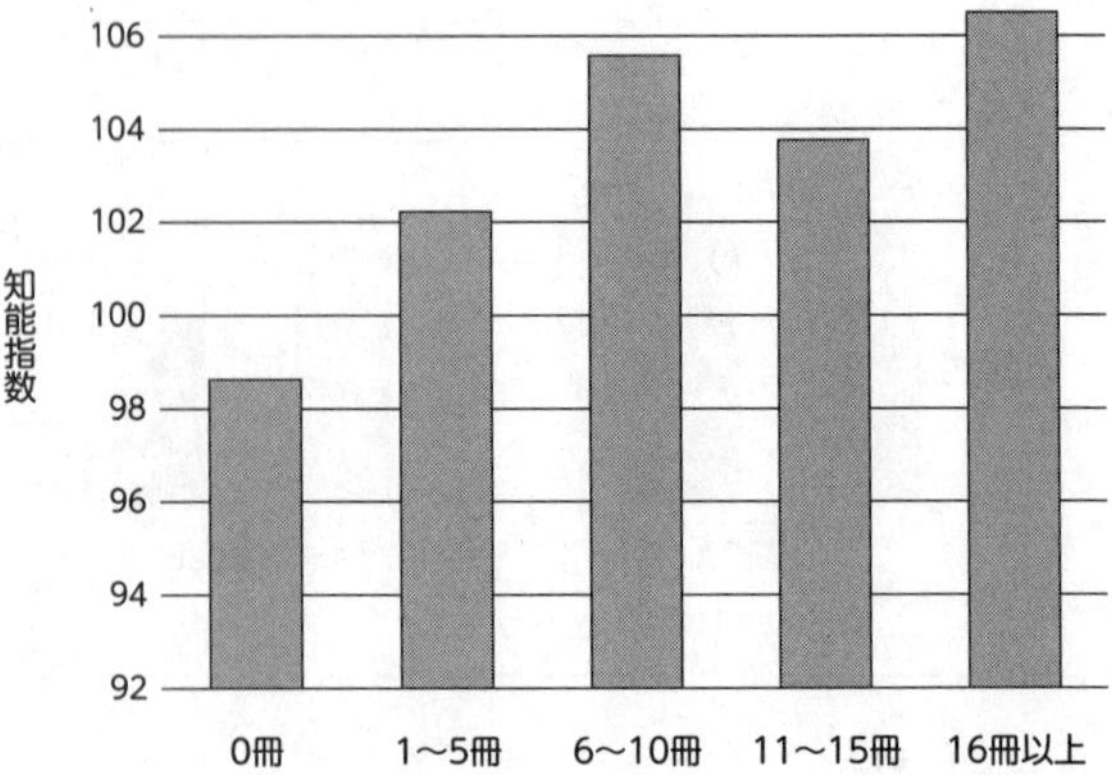

出典：『学力は１年で伸びる！』江澤正思・陰山英男／著（朝日新聞出版）

とは、正しかったのです。

よく幼い子どもは同じ本を何度も読んでとせがむことがあります。これは、同じ本を何度も読むことで、本に登場する言語を中心にして、言語を取り込む回路をつくろうとしているのではないかと、私は思います。事実、読書が好きな子どもは、国語でも算数でも、記述式問題の正答率が高いことが明らかになっています。読書が好きな子どもの正答率は、全体平均よりも5ポイントほど高くなっています（図10）。読み聞かせは言語能力の土台づくり！　と考え、「またこの本？」とうんざりしても、何度も読んであげましょう。

私が読書の必要性を訴えると、「子どもを本好きにするには、どうすればいいでしょう？」と、よく質問されます。一言でいうなら、読みたくなる本を身近に置いておくことです。本を買ってあげてもいいし、図書館を利用してもいいですが、とにかく子どもの身の回りにたくさん本を置いてあげてほしいと思います。

ムツゴロウこと畑正憲さんも、小さいころから身の回りにたくさん本があったと聞きます。畑さんは子ども時代に満州に住んでいたのですが、冬になると豪雪でなかなか外に出かけられない。そこで読書家であるお父さんの蔵書を読みあさって、冬の1日を過ごしていたのだそうです。あまり知られていませんが、畑さんは東大出身です。ちなみに、この本の単行本を出版した学研の社員でもありました。

「どんな本を読ませればいいでしょう?」という質問もよく受けますが、子どもが好きなものを読ませればいいと思います。そしてたまに、「こういうのも読んでみたらどう?」と親が本を与えてはどうでしょうか。子どもの様子を見ながら、判断していきましょう。マンガよりも物語や図鑑、事典などのノンフィクションを読んだ方がいいと思いますが、何も読まないよりはマンガでも読んだ方が脳の刺激になります。

本を積んでおくだけを意味する「つんどく(積ん読)」はダメだという意見もありますが、そんなことはありません。「つんどく」も立派な読書です。たとえば図書館からたくさん本を借りてきて、子どもの身近に積んでおく。読まないまま返す本があってもいい。同じ本を何度借りてもいい。どんどん本を借りて、家じゅうにいろいろな本を置いておく。その中から、子どもは自分で選んで読みます。家の中にミニ図書館、移動図書館を作るイメージです。

子どもがどんな本に食い付くかは、やってみないと分かりません。だから、

図10　読書は好きですか

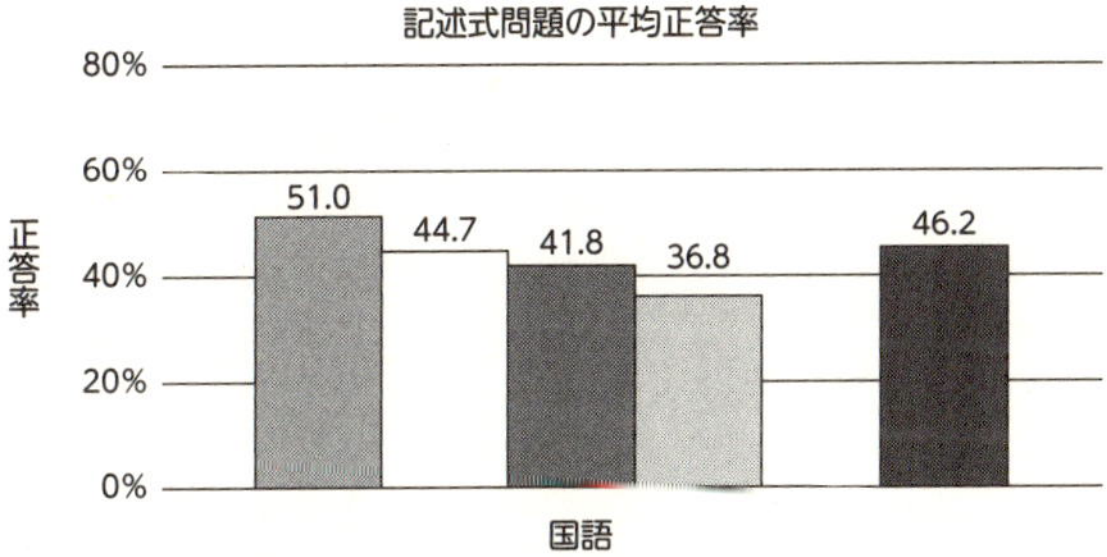

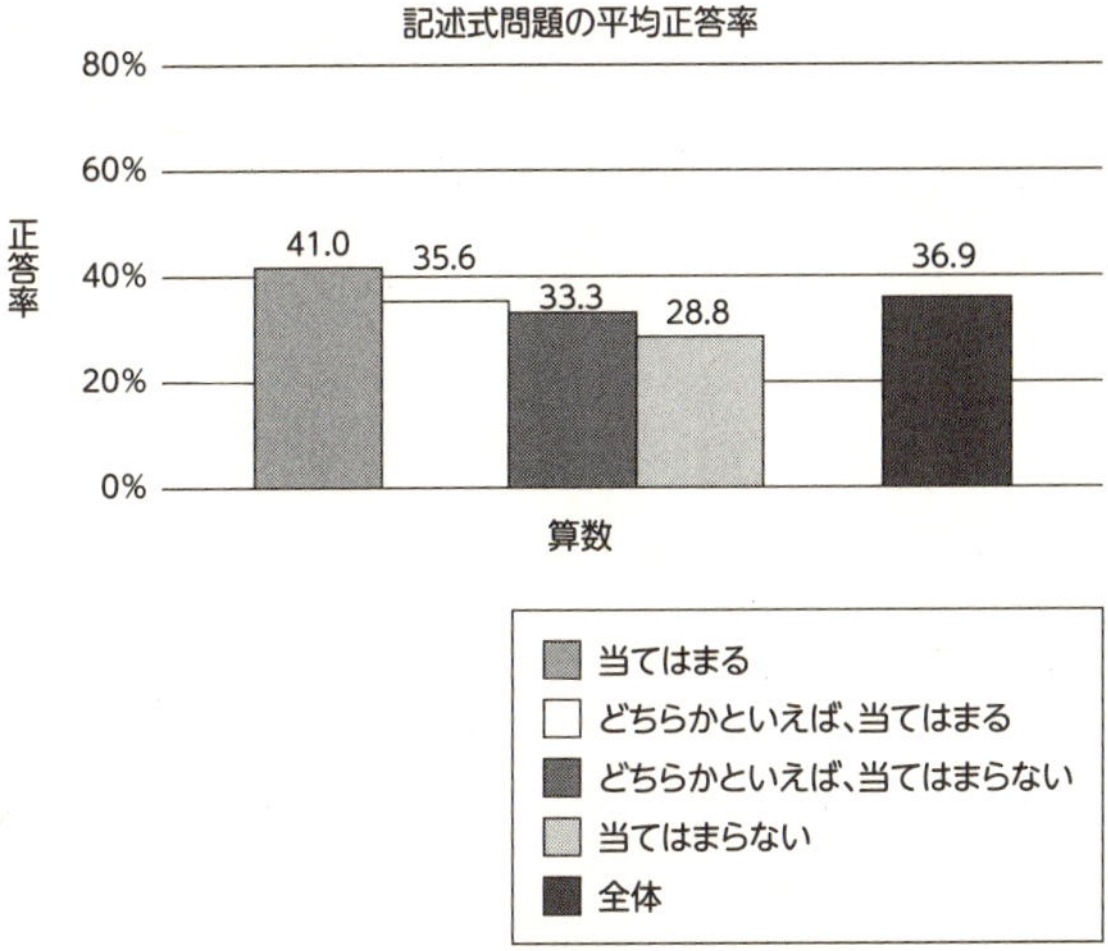

「平成 21 年度　全国学力・学習状況調査」（国立教育政策研究所）
（http://www.nier.go.jp/09chousakekkahoukoku/index.htm）をもとに作成

いろいろな本を与え、いろいろ働きかけることが大切です。親が読み聞かせてあげたり、薦めてあげたり、子どもが自発的に読むのを待ってみたり、いろいろな方法を試してみましょう。

読書は、押し付けて「させる」ものではありません。親がすべきなのは、読書するきっかけを用意してあげることです。

子どもにどんどん種をまこう

読書好きにするには、暇なときに「書店に行こうよ」と子どもを誘って出かけるといいでしょう。日曜日には家族みんなで図書館に行き、１人５冊の本を借りて帰るのを習慣にするのもいい。どんな本を借りるかは、子どもに任せましょう。司書の人もいますし、何より子どもの方がよい本をよく知っています。

読む本の種類はさまざまでいいのです。絵本でも、新聞や雑誌、図鑑などでもかまいません。

図鑑は、３、４歳のころから子どもの身の回りに意識的に置くといいでしょう。何種類もそろえたいものです。科学系の雑誌にも、たくさんいいものがあります。『子供の科学』、『かがくのとも』、そして『Newton』などです。図鑑や雑誌のよさは、ビジュアルのインパクトが大きいこと。イメージしやすいし、子どもの好奇心が刺激されます。「ブラックホールって知ってる？」と子どもに話題を振って、「この本に詳しく書いてあるから、もっと知りたかったら読んでみたら？」と渡すのもオススメです。

新聞も読ませましょう。子どものころは、朝日小学生新聞や毎日小学生新聞、読売KODOMO新聞を、中・高校生になってからは、一般紙を読んで、親子で時事的な政治・経済ネタについて話し合う。データによると、新聞やテレビのニュースに関心がある子どもは、学力が高い傾向があるようです（図11）。

ほかにも、我が家では日本の歴史マンガや公文の教材（俳句カルタや、数学パズルなど）も与えました。読書だけでなく、子どもと一緒に科学館や博物館、美術館、国立公園などにもよく行きました。さらに、小学生のうちからハンダゴテを与えて工作キットを作らせたりもしました。教師という職業柄、子

図11　新聞を読んでいますか

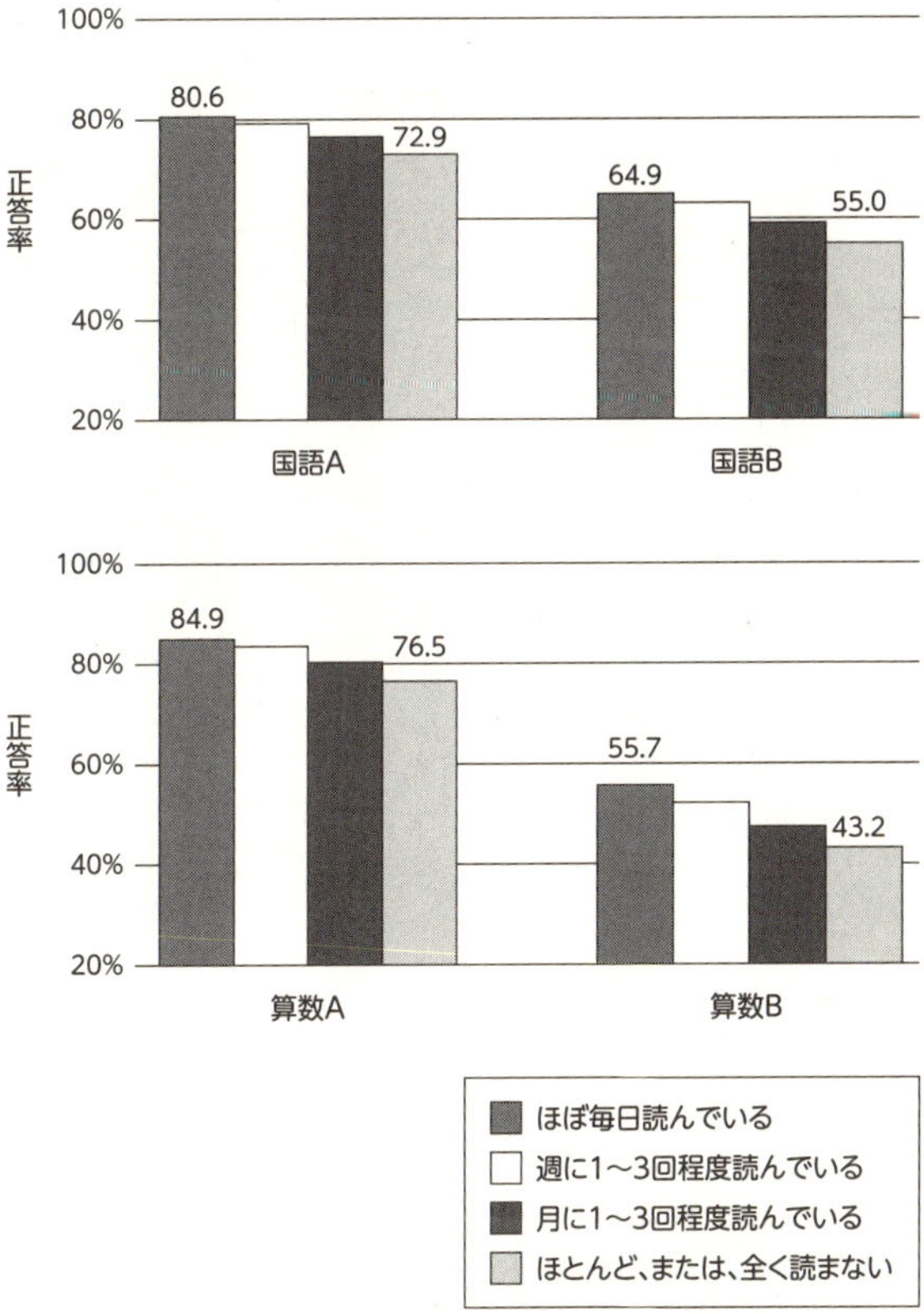

「平成 29 年度　全国学力・学習状況調査　報告書（質問紙調査）」
（国立教育政策研究所）をもとに作成

どもと体験することはそのまま仕事に直結しますので、まさに一石二鳥。「これだけ置いておけば、これだけ経験させれば、どれかに興味を持ってくれるだろう」という感じです。子どもの選択肢を広げるのが、ねらいでした。

そのせいか、我が家の子どもたちはよく本を読んでいたと思います。生活パターンの中に読書が組み込まれ、身近に本があったからでしょう。特に次女は、『源氏物語』など平安時代関連の本が大好きで、小学生で平安期の天皇家の血縁・姻戚関係を暗記していました。私が聞いたこともないような名前の女性について、どの天皇のどこに住んでいる息子に嫁《とつ》いだのかなどをスラスラとしゃべり始めたときは、驚きのあまり目を白黒させるしかありませんでした。

本だけでなく、子どもには、いろいろな種をどんどんまきましょう。私の経験からすると、まいた種はほとんどすべてが芽吹きます。そして子どもはいくつもの芽の中から、自分なりに選んで、それを伸ばしていきます。

大学生になって、長男は探検部に入りました。あちこちの洞窟《どうくつ》を探検し、珍しい石を見つけては感動して私に報告してくれます。しかも、自分の部屋に宝物としてツルハシを飾っているのです。ハッキリ言って変。それで「だれの影響でそんなことに興味を持ったんだ？」と、たずねたことがあります。すると彼は、「化石掘りに連れて行ってくれたのはだれだっけ？」と切り返してきました。そうなのです、私が連れて行ったのです。自分でもすっかり忘れていたのですが、子どものころに一緒に化石を掘りに行ったり、ＮＨＫの『地球大紀行』を見たりした経験が、後に、子どもの心で芽吹いたのです。

そして、子どもにさまざまな種をまくためには、親自身も、いろいろなことに興味を持っておくべきです。いくつになっても、好奇心の塊《かたまり》でいましょう。

それが、いい親の条件の１つです。

読書に親しむ環境をつくろう

どんな本を読ませるか、身の回りにそろえるかよりも、大事なのは読書できる環境、読書に親しむ環境をつくることです。

例えば、親子で毎日読書する時間を決めてはどうでしょう。9時に寝るなら、夕食が終わってお風呂に入るまでの7時半から8時くらいを、読書タイムとする。または最近読んだ本について、家族で語り合う。

大切なのは、読書している親の姿を子どもに見せることです。夕食を食べ終わって、お風呂に入るまでの小一時間、リビングでゴロンと横になって、読書をする。家族みんな一緒に、それぞれ好きな本を読むのです。

そのときはテレビをつけないこと。テレビがついていると、ついついダラダラと見てしまいます。テレビを消して、読書する時間を「つくる」ことが大切

図12　家や図書館で、普段（月〜金曜日）、
1日にどれくらいの時間、読書をしますか

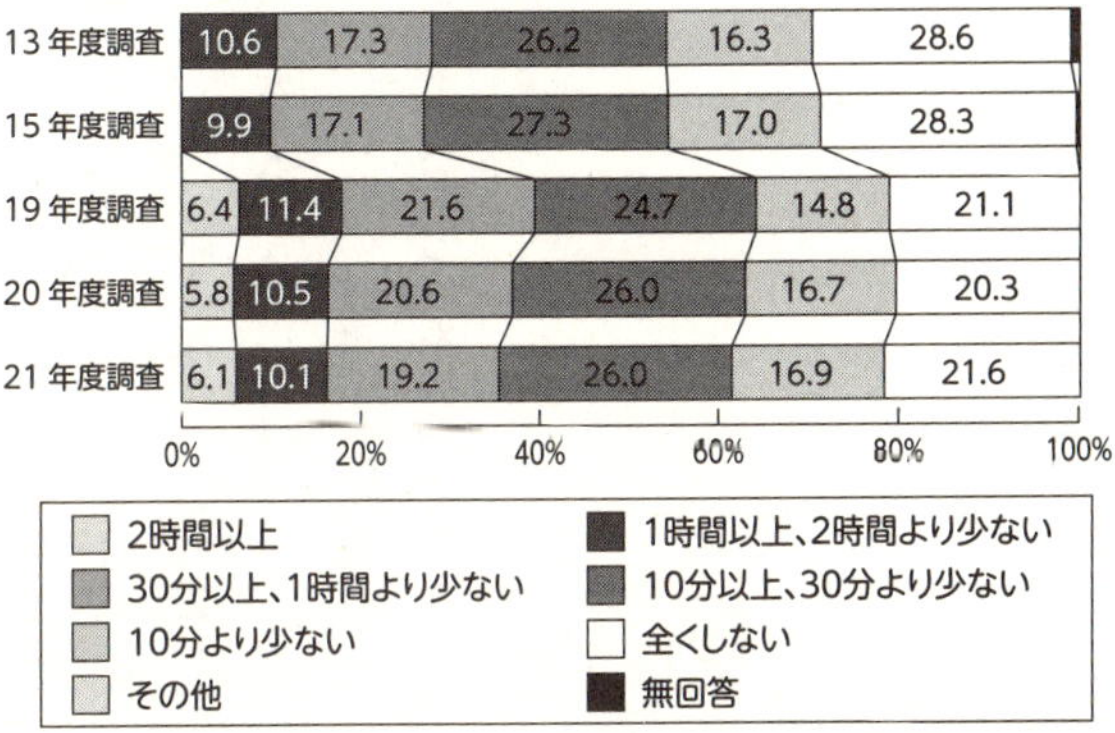

出典：『平成21年度　全国学力・学習状況調査　調査結果のポイント』
（国立教育政策研究所）

です。「子どもが本を読まない」と嘆《なげ》く前に、まず自分が本を読んでいるか、その姿を子どもが見ているかをチェックしてください。

実際、平成15年から子どもの読書量は増えています（図12）。そして、平成19年からはほぼそのまま推移しています。これは、文部科学省が平成12年を「子ども読書年」と位置づけ、予算を増やし、学校図書館に新しいよい本を増やした成果です。このことからも明らかなように、いい本が身の回り

にあると、子どもの読書量は確実に増えます。壁一面が本棚の家で育った子どもが賢いというのは、そういうことなのです。

今の日本人は本を読まないと言われていますが、読まなくなったのは実は大人。親が本を読んでいれば、子どもが読書好きになる可能性は高くなります。まずは、ご自身の読書習慣を見直してみましょう。それが、子どもを本好きにし、ひいては子どもを伸ばすことにつながるのです。

家庭での「先取り」学習が、勉強好きにする秘訣！

「子どもに勉強させるには、どうすればいいですか？」という親の悩みを、いつの時代もよく耳にします。勉強をさせる方法は、極めて単純。勉強ができるようになれば、自ら進んで勉強するようになります。簡単な話なのです。

勉強ができる子は、勉強を嫌がりません。それは、勉強で褒《ほ》められた経験がたくさんあるからです。成功体験に満ちあふれているから、勉強が苦にならず、もっとやろうと思えるのです。

逆に、勉強ができない子は、勉強で苦労した経験の方が多いので、勉強しようと思っても気が重く、やる気が出ません。

子どもの成長を阻《はば》む最大の障害は、「自分は勉強ができない」という思い込み。これをとりのぞけば、子どもは自然と伸びます。早いうちに「勉強が好き」という感覚を身につけさせましょう。

そのためには、やればできるという経験をさせること。この方法で絶対自分は伸びるんだと子どもに信じさせることです。百ます計算でもいいですし、漢字のドリルでもいい。同じことを何度も繰り返せば、基本的に子どもは伸びます。このときに劣等感をうまく取り払えれば、子どもの成長は加速します。

子どもに自信をつけさせるには、家で少し「先取り」学習させるといいでしょう。

小学校入学前に百ます計算をしていた子どもは、おそらく小学1年生の算数は楽勝です。授業中も先生からよく褒められます。褒められると、ますます勉強が好きになり、成績が上がって、また褒められる。この好循環に乗れれば、子どもは1人で勝手に伸びていきます。

「どうせ学校で勉強するんだから、先に少しやっておかない?」と、子どもを先取り学習に誘ってみましょう。ただし、いきなり難しいことをやらせようとすると失敗します。簡単なことから始めましょう。そして、先取り学習しておくと、授業が楽しい、勉強が楽になる、ということを、子どもに実感させ、それをしっかり褒めるのです。

周りの友だちが頭をひねっている問題を、自分はスラスラ解ける。他の子より優れている。他の子どもができないことを、できる。それが、自信になります。特に幼いころはそうです。友だちと比較して優越感に浸《ひた》るなんて嫌な子どもだと思いますか？　でも、自信は、他人との比較からしか生まれません。

長女が小学校に上がる前、我が家は家庭塾を始めました。家庭塾は、私の師匠である故・岸本裕史先生が提唱されたもので、親が教師となって近所の子どもたちに勉強を教えるものです。

家庭塾に集まったのは、我が家の子どもたちと、近所に住んでいる娘の友だち３人。妻が教師役となり、私は教材の準備やカリキュラム作りを担当しました。教える内容は、読み書き計算など基礎的なものです。教科書を音読し、百ます計算などの計算練習を行い、最後に学校の宿題をしました。時間が余れば読書をしたり、百人一首もやりました。

家庭塾のポイントは、短時間を毎日のように行うことです。我が家では、月曜日から金曜日まで、1日30分ぐらい実施しました。短時間でも毎日やることで、基礎基本がしっかり定着するのです。

時間帯は夕食前がいいでしょう。夕食の準備などで忙しい時間帯ですが、忙しいからこそ集中して取り組める。夕食の時間が控《ひか》えているので、延長することもなく、30分なら30分でパッと切り上げられる。延長ありになると、だんだんしんどくなって長続きしません。もう少しやりたいという気持ちが、明日のやる気につながるのです。

時間を守る子どもは、学力が高く、友だちづきあいもうまい

家庭塾では、先生の言うことや決まりを守ること、靴をそろえて入るなどの礼儀も教えましたが、時間を守ることの大切さも伝えました。

時間を守る子どもは学力が高い、と私は実感しています。時間を守るには、集中して物事に取り組み、自分の時間を自分でしっかり管理しなければなりません。時間を守る習慣を身につけることは、教育の最終目標である自立につながるのです。

だから私も、子どもたちに宿題を出すときには「これは20分でやりなさい」「10時過ぎたらやってはダメ。やり残したら早く起きてやりなさい」と、時間を意識する指示を出していました。子どもたちに、宿題をする時間の確保や時間配分を考えさせるためです。20分で宿題を終わらせるには、どんなペースで

進めればいいか。10時に寝るためには、いつ宿題をやればいいか。自分で考え、取り組むことが、自立につながるのです。

「全国学力・学習状況調査」でも、自分で計画を立てて勉強をしている子どもは、正答率が高いという結果が出ています。自分で計画を立て、時間を守るなどの自己管理をしっかりできる子どもは、学力が高いのです（図13）。

時間を守ることの大切さは、勉強に限った話ではありません。朝食や身支度、入浴など、生活すべてにおいてとても大切なことだと思います。

余談ですが、勉強ができる子どもは自分で時間を管理できるので、友だちづきあいも上手です。その場の雰囲気に引っ張られてずるずると遊び続けたりせず、時間がきたら遊びを切り上げてサッと帰ることができるのです。

これは、自立というより自律（自分をコントロールする）の力です。人に流されず、自分が今何をすべきかを分かっているのでしょう。

子どもに時間を守らせるには、まず大人がお手本を見せましょう。規則正し

図13　家で、自分で計画を立てて勉強をしていますか

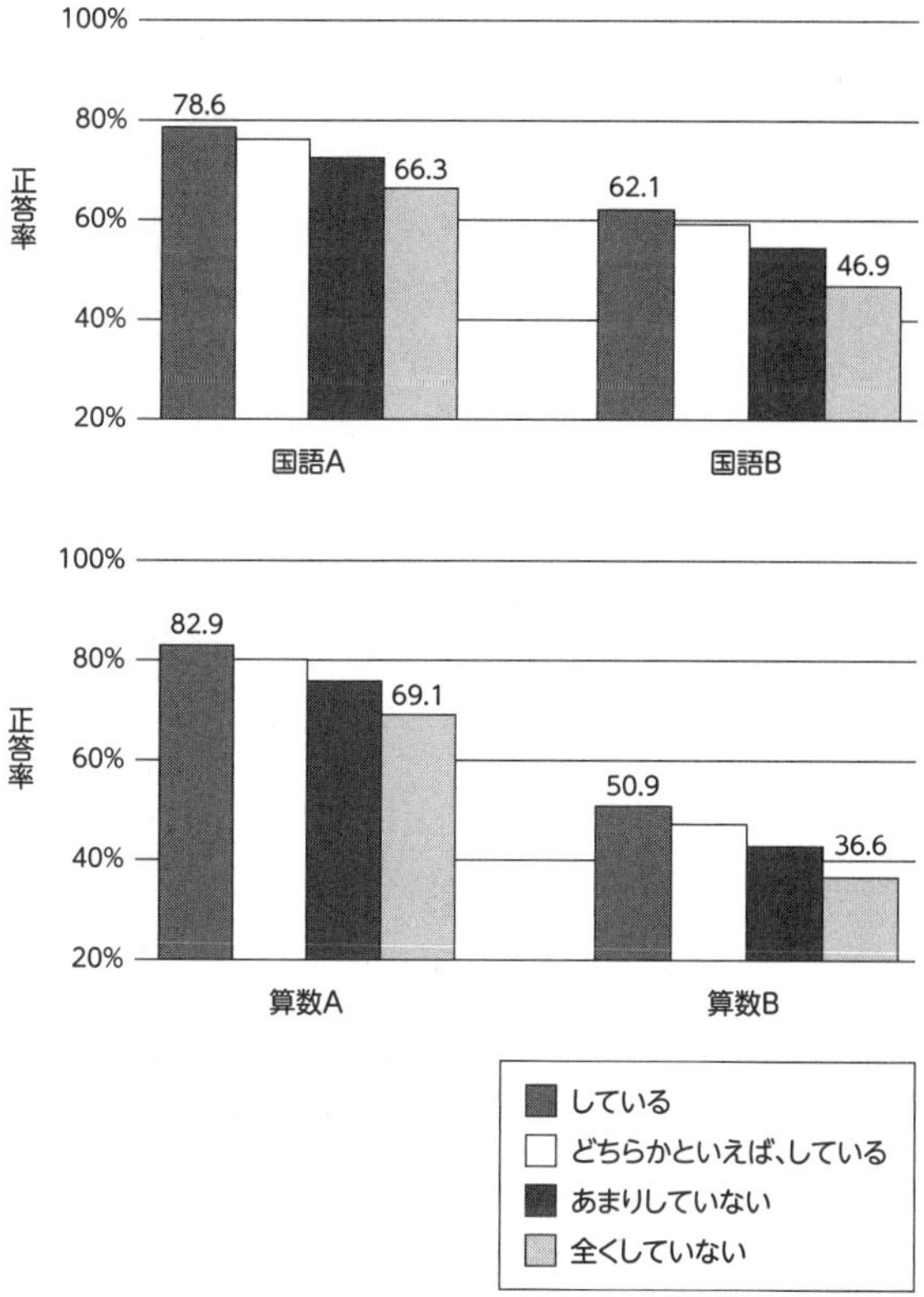

「平成29年度　全国学力・学習状況調査　報告書（質問紙調査）」
（国立教育政策研究所）をもとに作成

い生活を大人が率先して送り、ご飯の時間やお風呂の時間、寝る時間をきちんと守る。そして、子どもにも時間をしっかり守るよう伝えるのです。時には宿題をやっている途中でも、「10時を過ぎたから今日はストップ」と言う必要もあるでしょう。

生活習慣をきちっと身につけさせられる時期は、そうそう長くはありません。その時期には少々厳しすぎるくらい、親子で時間管理を心がけて生活してください。

勉強ができる子は、いい文房具を、長く丁寧に使う

大工さんや板前さんなど、優秀な職人は、道具にこだわります。そして、自分の体の一部になるぐらい、道具を使い込みます。

同じように、勉強がよくできる子は、安物の鉛筆は使いません。いい鉛筆を、長く、丁寧に使うのです。しかも親が与えているのではなく、自分で選びます。「この鉛筆は使いにくい」「こっちの鉛筆がいい」と、しっかり親にリクエストして買ってもらっているのです。逆に勉強が苦手な子どもは、文房具を使い込む感覚を持っていないことが多いようです。「かわいい」とか「いい匂いがする（消しゴム）」といったおもちゃ感覚で文房具を選んでは、次々と変えます。

文房具はおもちゃではなく勉強の道具なんだと、子どもの意識を変えましょ

う。そして、いい道具を選び、長く丁寧に使い込むようにさせましょう。

以前、こんな指導をしたことがあります。担任していたある子どもが、下敷きをいつも2枚学校に持ってきていました。下敷きをおもちゃ感覚で使っていたのです。そこで私は、「下敷きは、一度に1枚しか使えない。2枚持っていても無駄。モノにはモノの価値がある。2枚持っていて1枚しか使わないのでは、下敷きの価値を半分にしてしまっている。同時に、2枚持っていると管理する手間は倍になる。自分がきちんと使い込んでいける下敷きに絞り込みなさい」と指導しました。するとその子は、2枚のうちから1枚を選び、しばらくすると使いやすい下敷きを選んで持ってくるようになりました。

文房具への意識が変わると、どんな現象が起きるでしょうか。まず、1本10円の安いけれど使いにくい鉛筆は敬遠し、高価でも質のよい鉛筆を選ぶようになります。高価なものは、子どもも丁寧に、長く使うようになります。すると、丁寧にノートを取るようになるのです。ノートを丁寧に書いている子ども

図14　授業では、ノートを丁寧に書いていますか

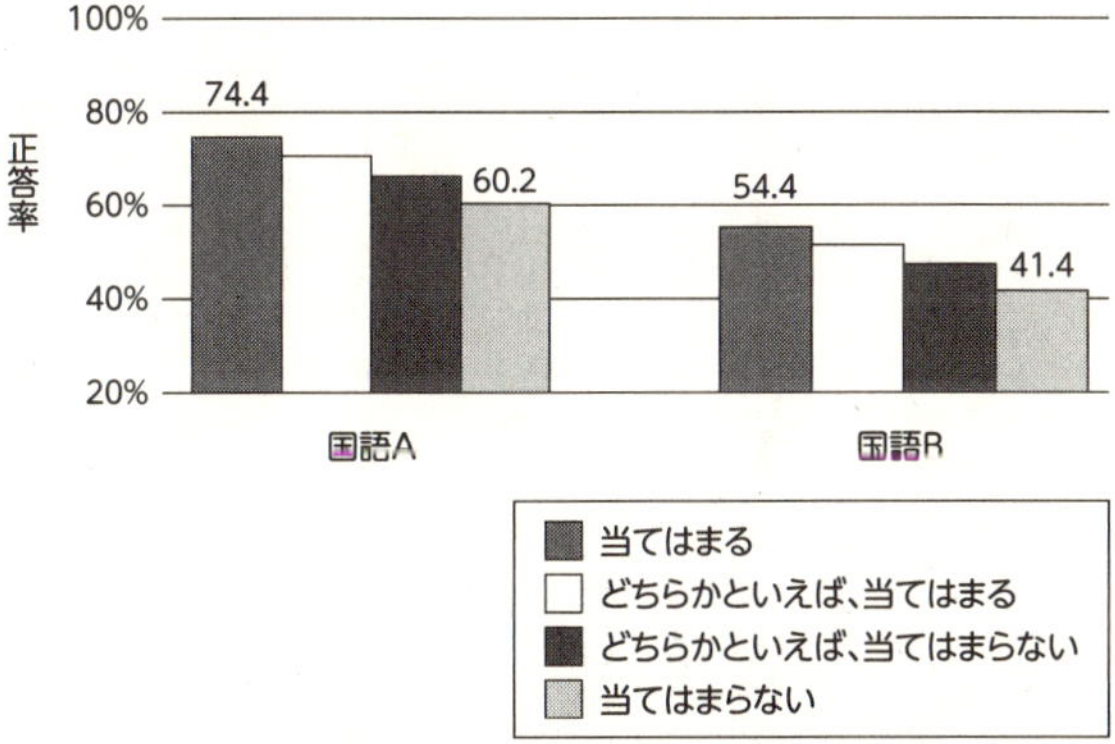

「平成 21 年度　全国学力・学習状況調査　調査結果」
（国立教育政策研究所）をもとに作成

は、正答率が高いことが明らかになっています（図14）。

大工さんがいい道具にこだわるのは、「おれはいい大工だ」というプライドがあるからです。プライドが、道具を選ばせるのです。

子どもと文房具の関係も同じではないでしょうか。いい道具を選ばせ、使い込ませることで、子どもに「自分はいい学習者なんだ」というプライドが育ちます。「いい学習者でありたい」という自覚が芽生えるのです。

たかが文房具、されど文房具。

文房具を通じて、子どもに優れた学習者としての自覚とプライドを持たせましょう。

そして、鉛筆にしろ、お箸《はし》にしろ、正しい持ち方をすると負担が少なくなります。楽に持てるので、長時間の作業が苦にならない。勉強しても疲れにくくなるのです。

さらに、正しい持ち方は美しく、品格があります。変なところに余計な力が入っていないので、立ち振る舞いが優雅になります。生け花や茶道もそうです。正しい作法は、美しいのです。

私の印象ですが、鉛筆を美しく持つ人が多い職種は、お医者さんです。正しい持ち方を、親がきちんとしつけて、指導しているからではないでしょうか。親の教育観が、鉛筆や箸の持ち方となって表れているのです。

子どもが将来社会に出たとき、恥ずかしくないように指導してあげるのも親の務めではないでしょうか。

テレビ・ゲームと学力の関係

子どもが不規則な生活になる大きな要因が、テレビやゲーム、インターネットです。これらにのめり込むと子どもは時間管理ができなくなり、夜更かしするようになり、生活習慣が乱れます。

世界一長時間テレビを見て世界一家庭学習の時間が短い。これが今の日本の子どもたちです。私は、機会あるごとに「テレビやゲームなど、ディスプレイに向かうのは1日2時間以内にしてください」と言ってきました。テレビだけでなく、ゲームやインターネット、ケータイ・スマートフォンなど、ディスプレイに向かう時間をすべて引っくるめて2時間以内と言っているのは、ディスプレイから流れてくる情報に影響を受ける時間を減らしてほしいからです。

毎日2時間テレビを見たとすると、1年間のテレビ視聴時間は2時間×365日＝730時間になります。これがどれほど長時間か、実感できるでしょうか？　驚くなかれ、子どもたちの年間の授業時数をはるかに越えるのです。今の学習指導要領では、小学校6年生の授業は、国語・社会・算数・理科合わせて560時数です。小学校は45分授業ですから、実時間は420時間です。よって、1年間、1日2時間テレビを見ると、テレビの視聴時間の方が、1年間の授業時間よりも多くなってしまうのです。これでは、「テレビ学院小学校通信教育部」に通っているのも同然。学校でいくら指導しても、テレビの影響の方が大きくなってしまうのは当たり前です。

今では数々の調査から、1日2時間以上テレビやゲームをすると学力が落ちることが明らかになっています。「全国学力・学習状況調査」でも、テレビゲームをする時間が短い子どもは、正答率が高いという結果が出ています。ゲームを1日4時間以上する子どもと、1時間以内の子どもとでは、正答率に10ポイント以上も差がついているのです（図15）。

図15　普段（月～金曜日）、1日当たりどれくらいの時間、テレビゲームをしますか

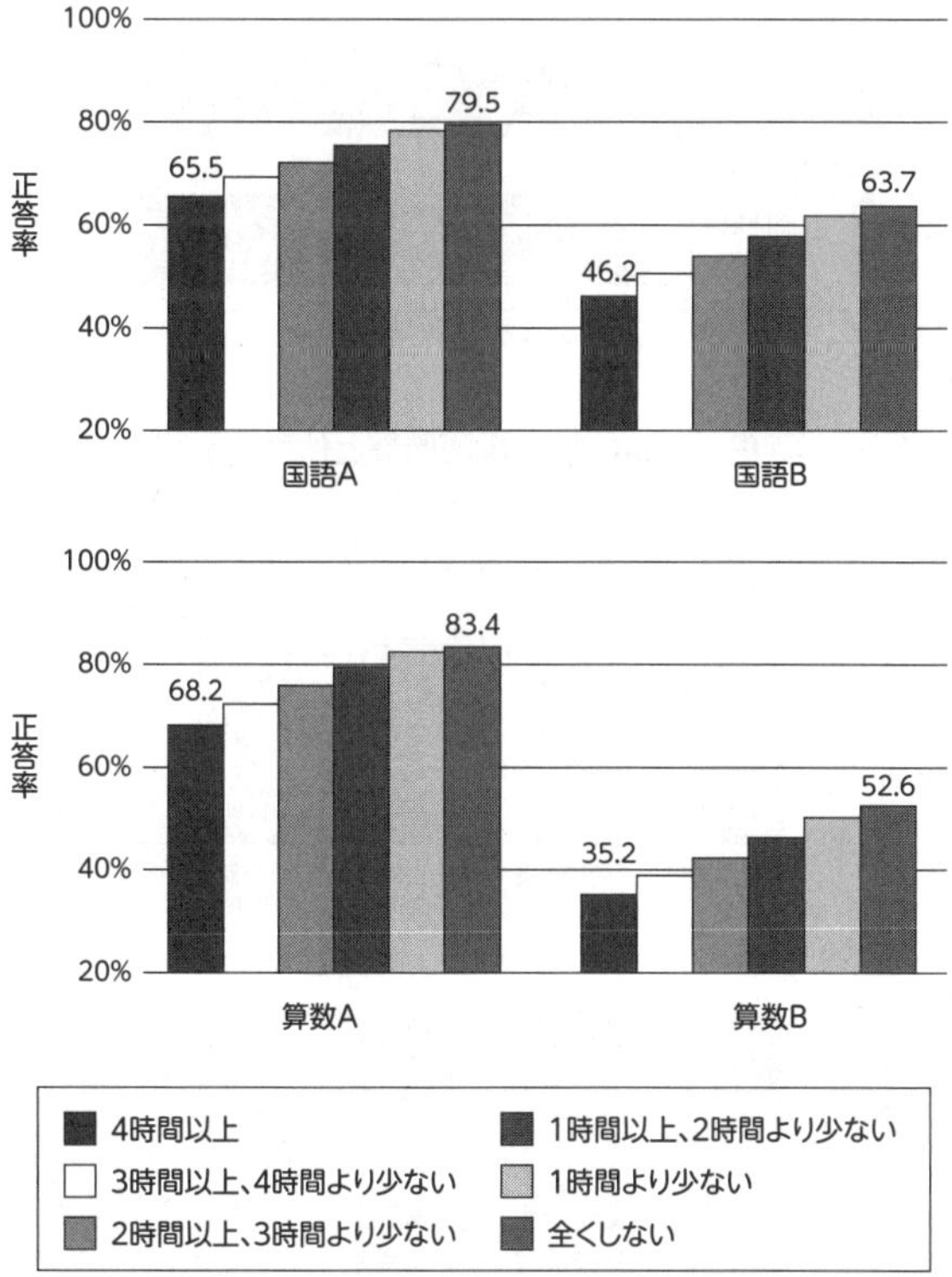

「平成 29 年度　全国学力・学習状況調査　報告書（質問紙調査）」
（国立教育政策研究所）をもとに作成

図16-a　1日にどれくらいの時間、テレビやビデオ・DVDを見たり、聞いたりしますか（テレビゲームもふくみます）

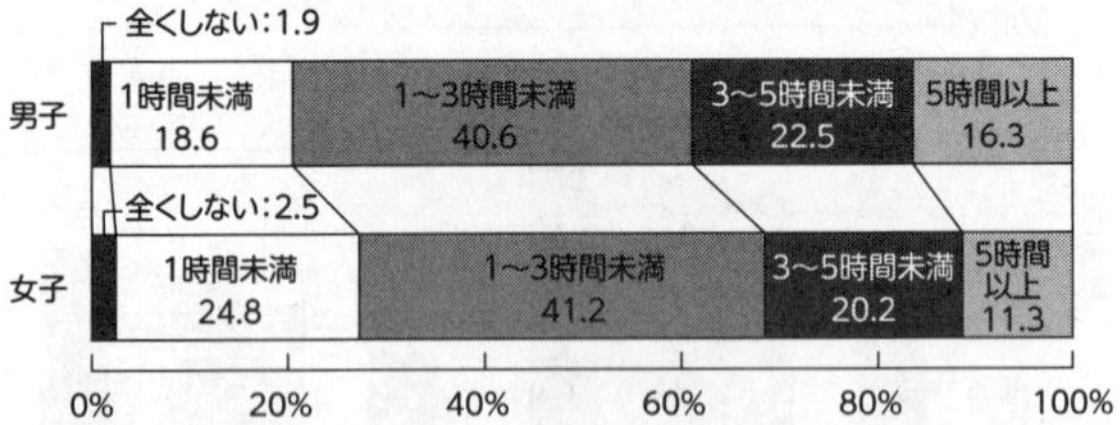

図16-b　1日のテレビ等の視聴時間と体力合計点との関連

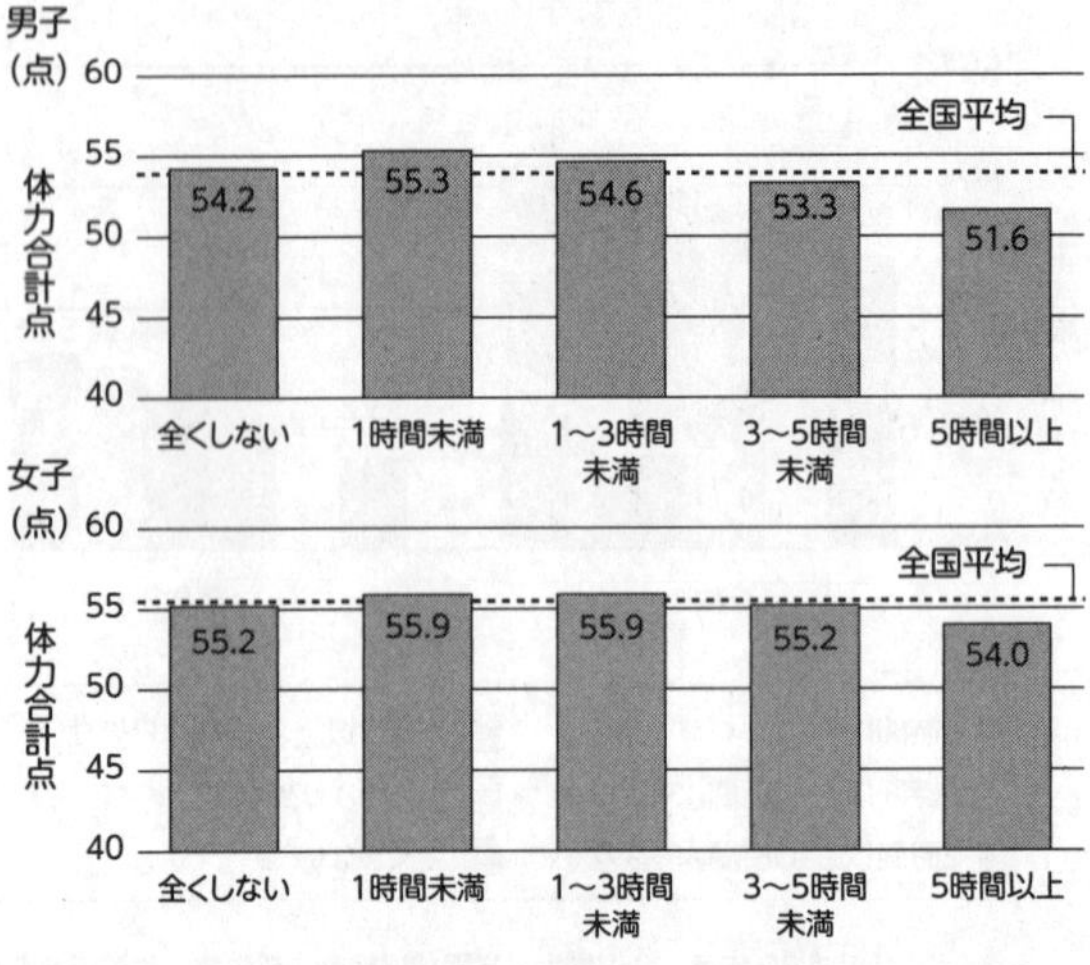

「平成 28 年度　全国体力・運動能力、運動習慣等調査」（スポーツ庁）をもとに作成

また、テレビやゲームは、子どもの体力にも悪影響を及ぼします。1日に3時間以上テレビやゲームに興じる子どもは、体力合計点が低くなる傾向のあることが調査で分かっています（図16―a、16―b）。

視覚から得る情報は、とても強力です。視覚からの情報と聴覚からの情報は、人間が得る2大情報ですが、「見た目9割」という言葉もあるほど、視覚からの情報は圧倒的に強いものです。テレビを見ながら何か作業するのは難しいですが、ラジオを聞きながらは容易。それほど人間は、視覚からの情報に引きずられやすいのです。

ディスプレイの影響力と授業とのバランスを考えて、子どもには早くから「テレビやゲーム、インターネット、ケータイ・スマートフォンなど全部合わせて、ディスプレイに向かうのは2時間以内で」と指導しましょう。

しつけとは、「我慢」と「よい型」を教えること

学級担任時代も、「うちの子はテレビばっかり見るんですが、どうしたらいいんでしょう?」と、よく相談を受けました。簡単です。我慢することを覚えさせればいいのです。それがしつけです。しつけるとは、我慢することを覚えさせること。我慢させ、正しい行動の「型」を教えてあげることです。

子どもを「型」にはめてはいけないといった批判がありますが、「型」のない教育はありません。どんな「型」がいいのかということはありますが、「型」にはめることを否定したら教育は成り立ちません。

とはいえ、テレビを完全にシャットアウトしなさいと言うつもりもありません。むしろ、子どもにとってプラスになる、良質な番組は積極的に見せるべきです。良質な番組に触れさせ、慣れ親しむことは、俗悪な番組を遠ざけること

につながります。

新聞についてくる1週間のテレビ番組表をチェックして、子どもに見せたい番組に赤丸をつけて録画し、担任していた学級で上映したこともありました。もちろんこれは家庭でやっても効果的です。テレビをただ遠ざけるのではなく、いい番組を見せる。最近は、地上デジタル放送の番組表やインターネットで下調べができます。これを活用し、ハードディスクレコーダーに録画するといいでしょう。

良質な番組としてよく覚えているのは、昔NHKで放送された『地球大紀行』です。欠かさず録画して、担任学級の子どもたちに見せていました。地球の誕生を、教科書と黒板でいくら頑張って教えても、あの映像の威力にはかないません。良質なテレビ番組を見せるのも、立派な授業なのです。テレビを見せっぱなしという最も安易な授業が、最も高度な授業になるのです。

もちろん、小学生が全部理解するのは無理です。大事なのは、高校レベルの高度な内容を、「おもしろい！」と感じられること。その感動が「種」となって子どもの心に植え付けられ、いつか芽吹けばいいのです。知識や興味関心、理解力がないと、どんな良質な番組を見たところで、おもしろいとは思いません。その下地をつくることが大切なのです。

良質な番組をよいと認め、楽しむ雰囲気や環境をつくりましょう。私は担任していた学級で、「昨日、『地球大紀行』見た?」と放送翌日に必ず話題を振っていました。『地球大紀行』を見たという前提で、授業をしたこともあります。そうすることで、『地球大紀行』を見て当然という空気が子どもたちの間に生まれ、日常的な会話の話題になっていきました。

家庭でも同じです。よい番組を親子一緒に見て感想を言い合うことで、よいものをよいと認めて楽しむ環境がつくられていくのです。そしてそれは、俗悪なものを遠ざける、効果的な策でもあります。

ケータイとインターネットへの姿勢

テレビ、ゲームと並んで、ここ数年ではケータイ・スマホとインターネットも子育ての悩みとして浮上してきました。新聞やテレビでは、ケータイ・スマホがらみの犯罪やトラブルに子どもが巻き込まれた事件を頻繁に報道していますし、教育現場でも情報モラル教育に力を入れるようになりました。学校にケータイを持ち込ませないという指導も普及しています。私が教育委員を務めていた大阪府教育委員会の調査でも、依存症といっていいほどケータイを長時間使っている子どもが多すぎることが判明し、学校への持ち込みを禁止しました。依存症はまともな判断ができない状態であり、非常事態への対応として持ち込みを禁止したのです。

しかし、ケータイ・スマホを子どもから１００％切り離すのは不可能ですし、現実的ではありません。同時に、「子どもにケータイを持たせてはならない!」というほど、深刻に考える必要もないと思います。気をつけるべきなのは、テレビと同じで、「中毒」になってしまうことです。

中毒を防ぐには、親の目の届くところで使わせるのが良策です。パソコンを子ども部屋には置かず、リビングなど家族の目に触れる場所で、オープンに使わせましょう。子ども部屋に置いてしまうと、何をしているのか分からなくなりますし、とんでもないサイトにアクセスしてしまったりもする。1人で自由に見ていたら、時間管理も忘れがちになりますし、偏《かたよ》った情報に毒されてしまう危険もあります。

ケータイといえば、一度次女と大げんかしたことがあります。家族で夕飯を食べていると、「友だちからメールがきたら、すぐ返事しなきゃ」と娘が食卓にケータイを置いたのです。私はすぐ「目ざわりや! どけろ!」とどなりました。そこから親子げんかが3日ほど続きましたが、最終的には娘が自分で

「夜9時以降にはケータイを使わない」と決めて実行するようになりました。私が強制したのではなく、娘が自分でルールを決めたのです。後日、娘から聞かされたのですが、「成績が悪くてもお父さんに怒られたことはなかったのに、あんなにどなられてびっくりした」そうです。お父さんがこれだけ怒るということは、それほど重要なことなんだと子どもながらに察して、自分でルールを決めたのです。

ケータイ・スマホやインターネットは、双方向性であるが故に、テレビよりも中毒性が強い。子どもが中毒にならないようにするには、親に相当の覚悟と努力が求められます。

そして、親もケータイ・スマホやインターネットに関する知識や問題を知っておく必要があります。一番下の長男が高校生のころ、架空請求サイトに引っかかりそうになって私に相談してきたことがありました。「これ、どうすればいい？」と不安そうな顔をしていましたが、私が一言「これは詐欺《さぎ》だから、放っておけばいい」ときっぱり言ったら、ホッと安心していました。私に知識がなかったら、息子と一緒にパニックになっていたかもしれません。「私は機械はダメだから」などと笑って済まされることではないのです。

お手伝いは、子どもを自立させる

　我が家の子どもたちは、小学校低学年のころから、3人とも料理の手伝いをしていました。小さいころは料理を盛りつけたり、運んだり。包丁を持てるようになってからは、野菜を切ったり、その年ごろでできることをやっていました。

　そのせいか、子どもたちはみんな料理が好きです。料理が趣味になっています。食べたいものを自分で作って食べていますし、「ラーメン作るけど、お父さんとお母さんも食べる?」と声をかけてもくれます。子どもたちがそれぞれ一人暮らしを始めるときも、料理しやすいキッチンかどうかが、部屋選びの条件でしたし、鍋や包丁なども、一人暮らしにしてはかなり豊富な種類を持っています。

特にお手伝いをするよう意識的に教育したわけではなく、自然とそうなりました。多分、料理している私や妻の姿を見ていたからではないでしょうか。料理だけでなく、トイレ掃除や風呂掃除も手伝わせました。特に担当を決めたのではなく、お風呂は最後に入った者が洗うというルールでした。

お手伝いは、「やるべきことはやる」という教育にもなりますし、「1人になったときに困らないため」の教育にもなります。お手伝いを通して、子どもは自立するために必要な能力を身につけていくのです。

そして何より、家族みんなで暮らすという当たり前の毎日に自分の役割があることは、自分の存在感や価値を見いだす簡単な方法です。「自分がいないとだれかが困る」という思いは、人に責任感を生み、強い心と体をつくります。人はみんな自分だけのためには生きられません。だれかのために自分が役立っていると感じられるお手伝いは、できるだけ小さいうちに始めてほしいことの1つです。

寝る前に、日記をつける習慣を！

日記は、子どもの学力向上に直結します。

そもそも、学力をつけるとは、「書く力」がつくということ。自分の考えを書く、調べて分かったことを書く、問題の答えを書くなど、学習の最終過程は「書く」ことです。さまざまな事象を具体的に数値や言語によって記号化し、抽象化する。それを脳の中で組み立て、分析をしていく。この作業が学習です。書く力を欠いた学力向上はありません。

「全国学力・学習状況調査」でも、自分の考えを他の人に説明したり、文章に書いたりするのが得意な子どもは、学力が高い傾向にあることが分かっています（図17）。

自分だけのためのメモ書きなら殴《なぐ》り書きでも許されますが、相手にしっかり伝えて自分の考えを理解してもらうには、「文章化」する必要があります。文章を書く力を磨くには、書き慣れることが近道です。書くトレーニングを毎日すれば、文章を書く力は自然と備わっていきます。書くトレーニングとして、効果的なのが日記です。日記なら毎日書く必然性がありますし、習慣化しやすいからです。

内容は何でもいいし、レベルも不問です。日記ではなく、日誌でもいいでしょう。考えたことを書くのではなく、起きたことや行動をつらつらと書くだけでも、トレーニングになります。何歳から書き始めてもいい。小学校1年生は1年生なりに、6年生は6年生なりに、年齢に合わせて、できる範囲でやればいいのです。未就学児でも、文字が書けるようになっているなら、やってみましょう。

日記は、「自覚的に生きる」ことを保証します。日記を書く作業を通して、自分の思いが明確になります。「こうありたい」「こうなりたい」という目標や

図17　学校の授業などで、自分の考えを他の人に説明したり、文章に書いたりするのは難しいと思いますか

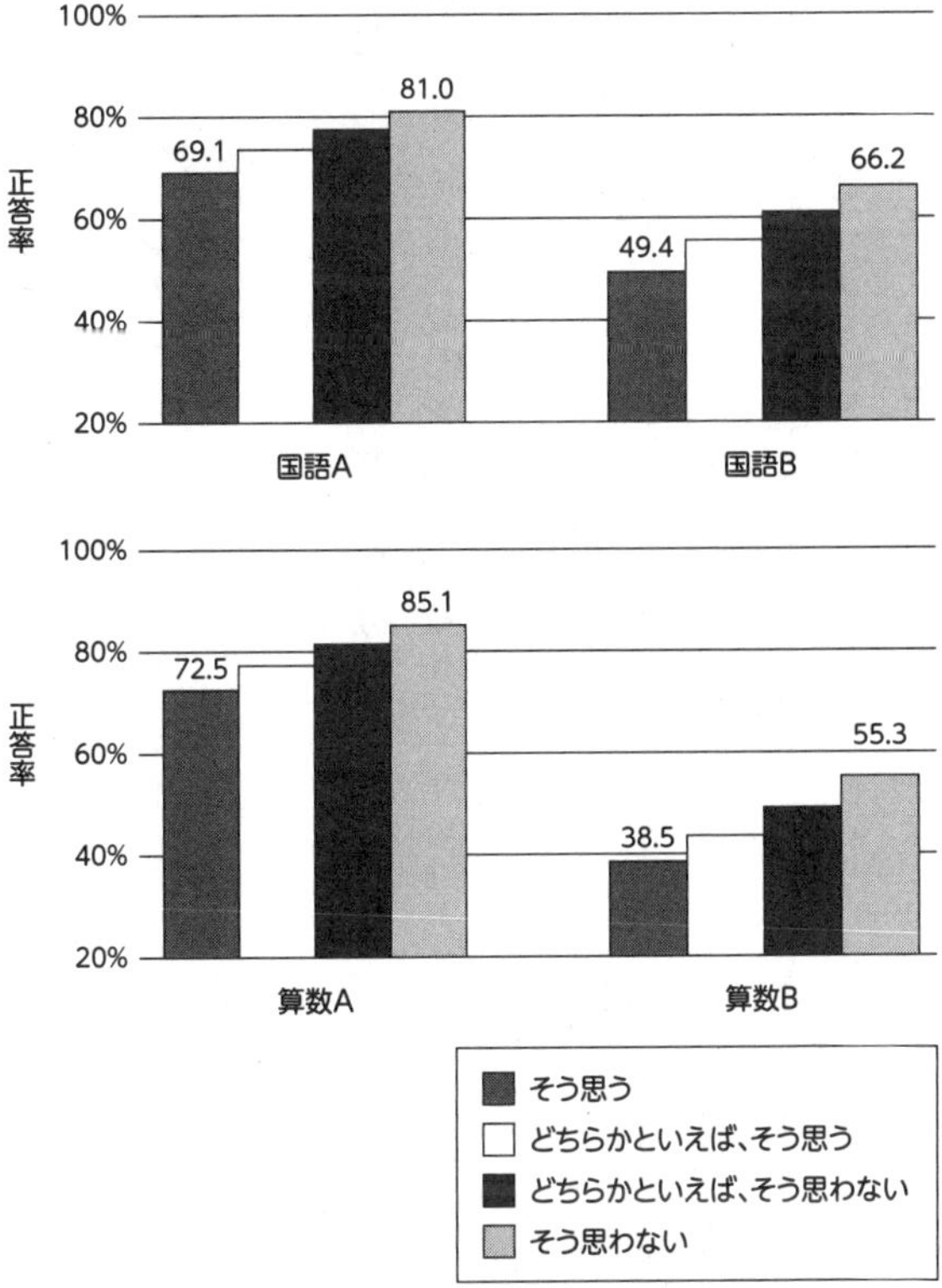

「平成 29 年度　全国学力・学習状況調査　報告書（質問紙調査）」
（国立教育政策研究所）をもとに作成

願望や思いが、書くことで可視化され、意識化され、胸に刻まれる。だから、怠《なま》けたいという誘惑にも負けずに頑張れるようになるのです。

体重を毎日記録し続けるレコーディング・ダイエットは、その典型です。やせたいという願いが毎日刻まれて強化されるので、怠けずにやせられるのです。

日記には、自分を毎日「点検」する効果もあります。私は担任学級で、子どもたちに「生活点検表」を毎日書いて提出させていました。これは自分の考えや思いをつづるもの。自分の思いや考えを書くことで、自分の毎日を「点検」できるのです。

勉強ができるようになりたい、スポーツが上手になりたい、立派な人間になりたい。何でもいいのです。そうなりたいという自分の姿、未来像、将来の夢を日記に書いてみましょう。夢を書いたら実現する、という話もあります。

日記を書くのは、寝る前がいいでしょう。1日の終わりに、その日を振り返りながら書くのです。日記を書く習慣がつくことは、自分のことをしっかり考える習慣がつくことを意味します。自分の考えを整理し、自分はどうしたいのか、どうあるべきかを考える時間を毎日持てるようになります。特に思春期はさまざまな感情や思いが頭の中を渦巻《うずま》きますので、日記を書くことで心の中を整理できます。

子どもだけでなく、大人にもオススメします。私も日記をつけてダイエットに成功しました。お母さんなら、家計簿に簡単な日記を付け加えるのもいいでしょう。家計の数字を書きながら、その都度、自分の考えや判断も書くのです。親子そろって日記を書いている家族は今まで見たことがありませんが、もし実行できたらすごい成果が出るかもしれません。

私は最近、よく「文書」を書きます。大事なことを考えたり判断するとき、A4用紙1枚で文書にまとめます。

重要なことを決断するときには、いくつもの要素が複雑にからみ合います。頭の中で考えているだけでは、堂々巡りになり、時間がどんどん過ぎてしまう。そこで、考えられる要素やメリット・デメリットを丁寧に箇条書きし、文書に整理するのです。

すると、どの要素が重要か、何を優先すべきかが浮き彫りになります。文書化することで、考えが整理され、まとまるのです。仕事でも、大事なことは企画書など文書にまとめますが、それと同じです。家族会議の議題を、文書にまとめてもいいでしょう。子どもの進路を話し合うときも、さまざまな要素が複雑にからみ合いますから、文書化することで、論点が整理されます。

私は日記をつける〝べき〟とまでは、言いません。〝べき〟になってしまうと、負担になり、長続きしないからです。

日記こそ、三日坊主の最たるもの。私も『3年日記』を利用していますが、4分の1も書いていません。若いころは自分の思いをびっしり書いていましたが、最近は「どこに行った」「だれと会った」「体重は何キロ」とサラッと書く程度。日記というより日誌です。

でもそれでいいと思っています。日記を「書くべき」「書かなきゃ」と思うと続きません。気楽でいい。日記に何も書くことがないというのは、ある意味平穏な日だった証拠でもありますから。

睡眠がもたらす明日へのパワー

夕方の黄金時間を過ぎ、食事の後の入浴から寝るまでの時間は、子どもにとってもリラックスタイム。のんびりと過ごし、日記をつけ、明日の準備をして、眠りにつきましょう。

よい睡眠のためには、遮光カーテンや防音サッシなどで、外界からの光や音を遮断しましょう。暗い方が、人間を眠りに誘うメラトニンという神経伝達物質がたくさん分泌されるのです。

セロトニンが脳と体を目覚めさせるのに対し、メラトニンは脈拍数や体温、血圧を低下させる睡眠ホルモン。朝に太陽の光を浴びてから14時間後に、メラトニンの量が増えて、脳の活動を静め始めます。朝7時に起きたら、夜9時ぐらいからメラトニンの分泌量が増え始める計算です。このタイミングを逃さずに、部屋を暗くして、眠りにつきましょう。無理に起きていると体内時計が狂い、生活リズムが崩れてしまいます。

睡眠不足になってしまうのは、心に悩みを抱えていることよりも、実は外からの光や音が原因であることが多いそうです。

日本人は何でも「心」の問題で考えようとしすぎではないでしょうか。確かに「心」は大事ですが、何でも「心」の問題になってしまうと、とらえようがなくなり、対策を取るのが難しくなってしまいます。そこで私は、なるべく数値やデータ化し、単純化するようにしてきました。そうすれば、対策も取りやすいし、他の人もまねしやすいからです。

寝る前のホットミルクもオススメです。牛乳にはメラトニンが含まれているからです。

成績がいい子どもの家庭は、たいてい早寝早起きをしています。勉強ができる子は夜遅くまで起きて勉強している、というのは思い込み。実はさっさと寝

図18　毎日、同じくらいの時刻に寝ていますか

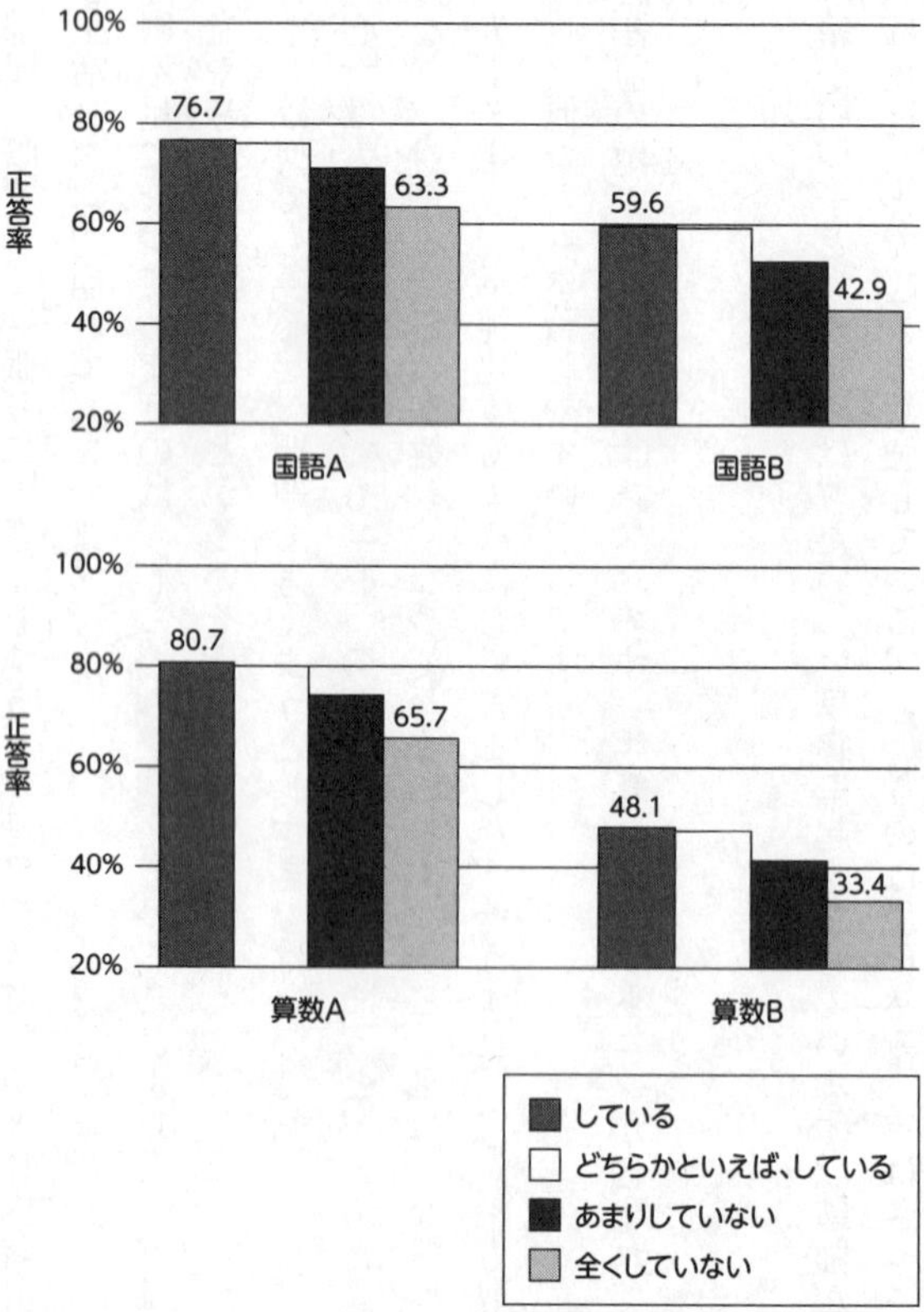

「平成 29 年度　全国学力・学習状況調査　報告書（質問紙調査）」
（国立教育政策研究所）をもとに作成

図19　毎日、同じくらいの時刻に起きていますか

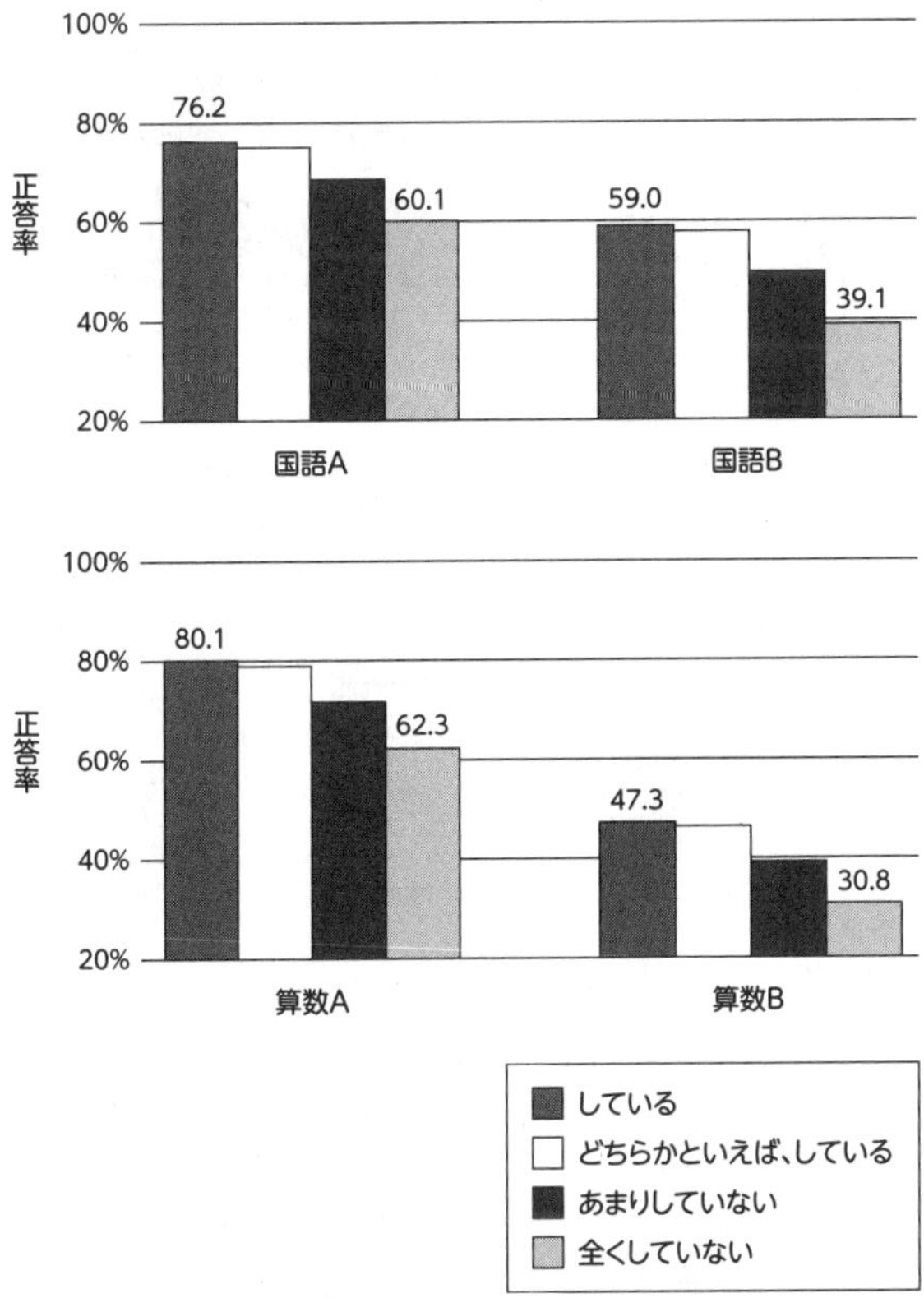

「平成29年度　全国学力・学習状況調査　報告書（質問紙調査）」
（国立教育政策研究所）をもとに作成

図20-a　毎日どのくらい寝ていますか

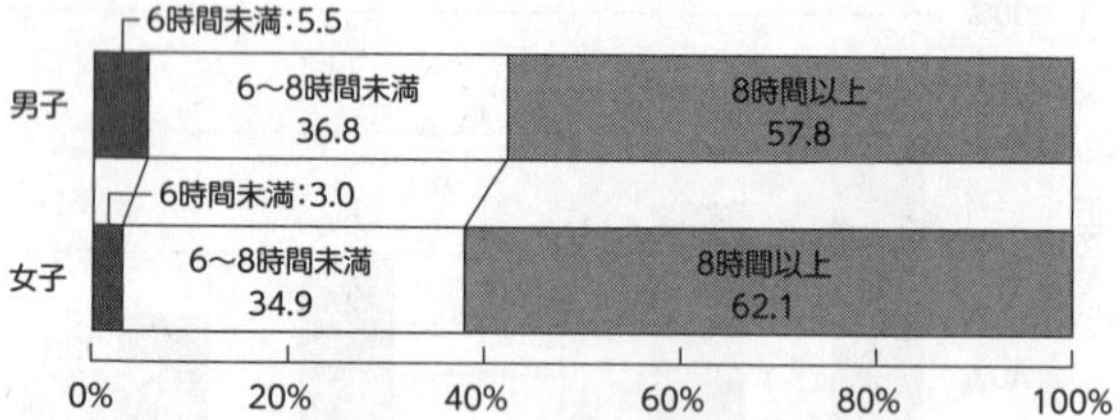

図20-b　1日の睡眠時間と体力合計点との関連

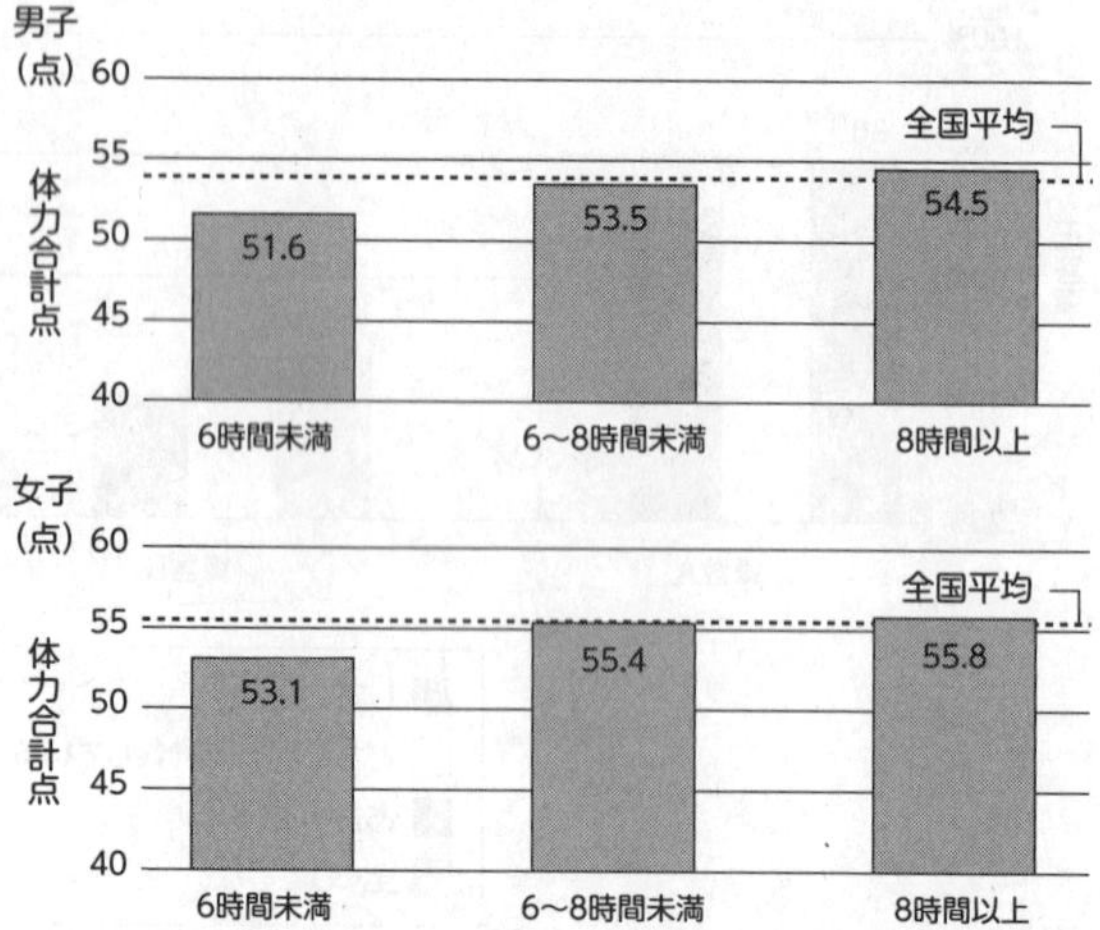

「平成28年度　全国体力・運動能力、運動習慣等調査」
(スポーツ庁)をもとに作成

ているのです。「全国学力・学習状況調査」では、毎日同じぐらいの時刻に寝たり起きたりする子どもの方が、正答率が高い傾向にあることが分かっており、規則正しく早寝早起きをしていない子どもとの差は歴然です（図18、図19）。

勉強だけではありません。睡眠時間は、子どもの体力とも深く関係します。スポーツ庁の調査によると、１日８時間以上寝ている小学生は、６時間未満の小学生よりも、体力が高いことが分かっています（図20―a、図20―b）。

人間は、睡眠中に、脳から成長ホルモンが分泌されます。成長ホルモンの分泌が始まるのは、夜10時ぐらいから。早寝しないと、成長ホルモンの恩恵にあずかることができません。成長ホルモンは、思春期をピークに、20歳前後で急減します。だから子どものころにぐっすりしっかり寝ておくことが必要。まさに、「寝る子は育つ」なのです。

子どもに早寝早起きさせるには、親も早寝早起きをしましょう。早寝早起きは習慣であると同時に、文化でもあります。小学校時代は、勉強するのは遅くても8時半までで切り上げ、睡眠時間を優先しましょう。

日本の教育を何とかしたいと考えながら私がここまで頑張ってこられたのは、実は「睡眠」のおかげです。「陰山先生はすごいですよね。どんな困難にぶつかっても、信念を貫き、頑張っていて。鉄の意志の持ち主ですね」と感心されることがあるのですが、そんなことはありません。泣き言も言いますし、弱音も吐く、ごく普通の人間です。自分が強いと思ったことはないですし、ましてや鉄の意志なんて無縁です。

それでも頑張ってこられたのは、夜寝るまでは悩んで悩んで「もうやめよう」と一度あきらめても、不思議と一晩寝て朝起きたら「もうちょっとやってみよう」と再起できたから。「絶対頑張ってやりぬくぞ！」というような強い決意ではなく、「可能性がまだ残されているのだから、とりあえずもうちょっとやってみるか」程度の決意なのですが、もう一度やってみようという力を、睡眠が与えてくれるのです。だからこそ、よい睡眠を心がけてきましたし、睡眠を大切にしています。

子どもだって同じです。よい睡眠が得られていれば、学校で悩み事やつらいことがあっても、朝目覚めたらほんの少しでも元気がわいてきます。眠りは、さまざまなことをリセットしてくれる力も持っているのです。

習い事は週2日にして、ボーっとする時間を大切に！

今の子どもはとても忙しいので、なかなかボーっとする時間がありません。子どもも大人も、ボーっとする時間をもっと持つべきではないでしょうか。

子どもがボーっとしていたら、そっとしておいてあげましょう。端《はた》からはボーっとしているように見えても、頭の中では何かを考えているものです。大人だって同じです。私もボーっとする時間がとても多いと思います。新幹線や飛行機の客席で、トイレやお風呂で、1人になってボーっと何かを考えています。

ボーっと考えることで、考えや思いは「圧縮」されます。そして、すごいパワーのある言葉や考えがひらめくことがあるのです。それで道が開けたり、やる気がわいてきたり、モチベーションが高まったりする。自分の言葉に勇気づけられることもよくあります。

ボーっとする静的な思考も必要ですが、その一方で、なんだかよく分からないけれど叫ぶ、走る、などという動的行為も時には必要です。昔の青春ドラマでは、悩みを抱えた主人公が海辺に走り、夕陽に向かって「バカヤロー!」と叫ぶシーンがよくありました。あれはとても大切なことだと思います。

海とか山とか、雄大な自然を見ると、自分の悩みがとてもちっぽけなものに思えてくる。そして悩みを吹っ切ることができるのです。

私にも、悩みの捨て場所があります。城崎《きのさき》から香住に至る、日本海沿いの道。そこをバイクで走るだけで、とても爽快《そうかい》な気分になれます。去年の夏にも行きましたが、行くときは絶対に1人です。先にも述べましたが、男性には1人になる時間が必要。1人でボーっとできる時間と場所が必要なのです。だから奥さんも理解してあげてほしい。夫が1人になる時間と空間を、認めてあげてください。

人は、いつも「ちゃんと」していられるわけではありません。時間管理をしっかりする一方で、必ず余裕を持って暮らす、どこかに「余分」を持っておきましょう。

最近は1週間に数多くの習い事をする子どもが増えています。教養を深める意味でも、習い事は有意義です。しかし習い事をすると、子どもには確実に疲労がたまっていきます。

子どもは不思議なもので、疲れがたまっていても周囲に疲れの色を見せません。でも、目に見えないところで、体だけでなく、脳にも疲労は蓄積していきます。この状態では、頑張って勉強や練習をしても上達せず、下手をすると自信喪失につながってしまいます。

そうならないためにも、しっかりと休息を取って疲れを癒すようにしましょう。休息と習い事のバランスを考えると、習い事は週2日、多くても週3日にしたいところ。週3日以上習い事をさせるなら、子どもを上手に休ませる計画をきちんと親が立ててあげましょう。子どもが元気を失うような学習に、意味はありませんし、逆効果です。

第3章

頭のいい子が育つ「家族」

家は、家族の幸せの象徴

兵庫県の公立小学校で教師をしていた45歳のとき、私は念願のマイホームを建てることになりました。

コンセプトは、「家族みんなが一緒に暮らせて、それぞれの趣味を楽しめる家」。建築家に依頼して設計図を引いてもらい、「長年の借家暮らしから解放されて、ついに自分の思いどおりのマイホームを持てる！」「最初で最後のマイホームだ！」と、希望に満ちあふれていました。

ところがそんなとき、広島県が公立小学校の校長を公募している話が舞い込んできたのです。すでに百ます計算や「早寝早起き朝ご飯」などの陰山メソッドは広く知られるようになっていたのですが、その一方で私にはある不安がありました。百ます計算ばかりが注目されて、「早寝早起き朝ご飯」などの正しい生活習慣は軽視されていたのです。極端な話、「百ます計算さえやれば学力は上がるのだろう」という誤解も生まれ始めていました。

校長公募の件は、教師としてはとても魅力的な話でした。ここなら、陰山メソッドをしっかりと実践できる。子どもの学力向上には生活習慣の改善が第一になされるべきだということを証明したい。そう思って私は応募し、広島県尾道市の公立小学校の校長になりました。そして当然ですが、計画中のマイホームはなかったことになりました。

既に高校生だった長女と高校受験を控えた次女は、それぞれ通学の関係から妻の実家と私の実家に住むことになりました。広島へ移ったのは小学校を卒業したばかりの長男と私と妻の3人だけ。あと数か月で念願のマイホームだったのに、気がついたら一家離散状態になってしまったのです。

このつらく苦しい経験が、「家とは、家族みんなが一緒に幸せに暮らせる場所」という思いを私に植え付けました。

尾道市で住む家を探したときも、家族みんなで住める家を条件に探しました。もしかしたら長女は広島の大学に進学するかもしれないし、次女も中学を卒業したら広島の高校に入るかもしれない。そうなったときに、家族みんなが一緒に住める家を確保しておきたかったのです。

尾道で住んだ家はとてもすばらしい家でした。でも、私の中では、家族がバラバラになってしまったことがトラウマになっていました。子どもたちに申し訳ないことをしたという思いが、ずっと心に引っかかっていたのです。尾道で暮らした3年間で、私の家へのこだわりはより一層強くなりました。家への「渇望」といってもいいでしょう。家族の幸せの象徴として、家族みんなで暮らせる家を強く望むようになったのです。

そしてその後、京都の立命館小学校へ移ることになり、私は新築の家を建てました。私にとっては、家族全員で新築の家に住むことが、家族が家族であるために必要だったのです。

この第3章では、家族の在り方、家族としての暮らし方について、書いてみたいと思います。

日本の母親は苦労している

何といっても家族の中心はお母さんです。そして、日本のお母さんは、とても忙しい毎日を送っています。料理や掃除、洗濯などの家事に子育て……。お母さんの負担は、ますます増えています。

その事実を示すデータをいくつか挙げてみましょう。まず、核家族が増え続けていることも、お母さんの負担増につながっています。厚生労働省の調査によると、65歳以上の家族のいる世帯の三世代の同居率は、２０１６年（平成28）で11・０％。１９８６年（昭和61）には44・８％が親と同居していたのに、今では４分の１ほどになっています（図21）。

親と同居していれば、家事や育児などを分担してもらうことができますが、核家族では、お母さん１人が頑張らざるをえないのが現状です。

図21　世帯構造別に見た65歳以上の者のいる世帯数の構成割合の年次推移

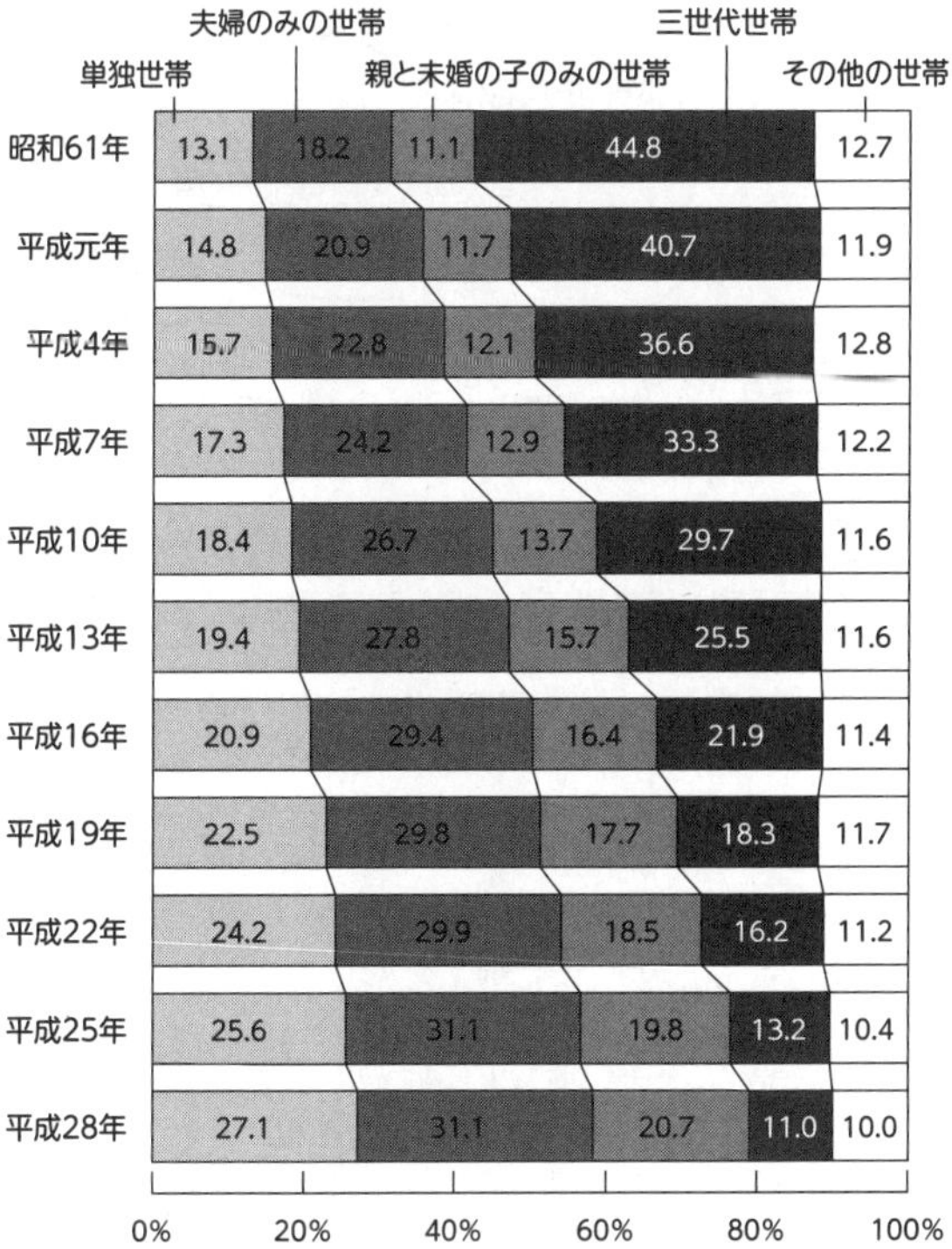

〈備考〉平成7年の数値は兵庫県を、平成28年の数値は熊本県を除いたものである。

「平成 28 年　国民生活基礎調査の概況」（厚生労働省）
(http://www.mhlw.go.jp/toukei/saikin/hw/k-tyosa/k-tyosa16/index.html)
をもとに作成

図22　未婚の男女が理想とする女性のライフコース

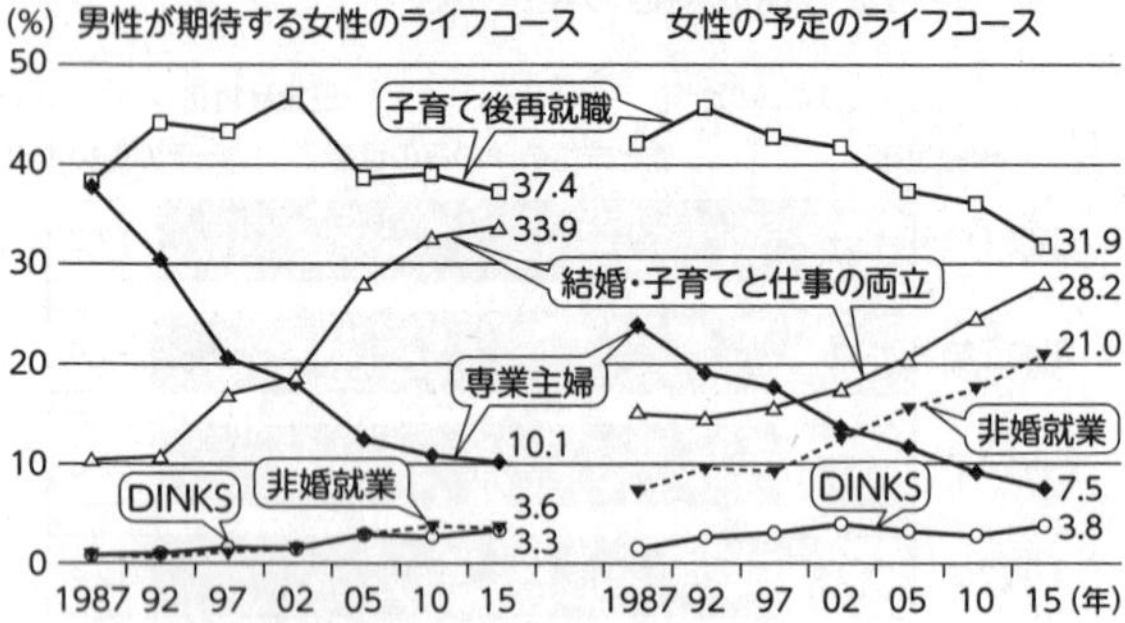

〈備考〉専業主婦：（結婚または出産の後は仕事をもたない）、
DINKS（結婚後子供を持たず仕事）
女性の予定は「実際なりそうだと考える」コース。
調査対象は独身者（未婚の男女 18 ～ 34 歳）

出典：『社会実情データ図録』http://www2.ttcn.ne.jp/honkawa/
資料：『出生動向基本調査（独身者調査）』（国立社会保障・人口問題研究所）

さらに、専業主婦も減少しています。内閣府の調査によると、２０１６年の共働き世帯数は約１１２９万世帯。これに対し、専業主婦世帯は６６４万世帯。１９９２年に共働き世帯が専業主婦世帯数を上回って以来、共働き世帯の方が多い傾向が続いています。

事実、男性も女性も、共働きを望んでいます。国立社会保障・人口問題研究所の調査によると、専業主婦になってほしいと考えている未婚男性は、わずか10・1%。子育てと仕事を両立してほしい（33・9%）の3分の1以下です。一方、未婚女性も専業主婦になろうと考えているのは7・5%に過ぎません（図22）。

働きながら、家事をし、子育てをする。これは大変なことです。

先日、働くお母さん方を対象に講演をする機会がありました。この講演会では、事前に私への質問を書いてもらい、質疑応答もさせていただいたのですが、たくさんの悩みや相談が寄せられ、共働きのお母さん方が何に悩んでいるのか、苦しんでいるのかが、よく分かりました。そこで、働くお母さん方に、私なりのアドバイスやメッセージを書いてみたいと思います。

①子育ての原則は変えられません。変えられるのは、自分の仕事です

「仕事が忙しいので、その中で子育てをどうすればいいか」「育児と仕事をどう両立させればいいのか」「仕事が忙しすぎて、子どもとの時間がない」とい

う悩みや不満の声が、とても多いようです。事情はよく分かるのですが、子育ての原則は変えられません。変えられるのは、仕事です。「仕事が忙しいから効率的な子育てをしたい」ではなく、「仕事を効率的にこなすなどして、子育ての時間をつくる」のです。発想を変えてみましょう。

②家庭での教育でも、陰山メソッドは有効です

「子どもの学力を上げるには、家庭でどんな教育をすればいいか」「効果的な学習法を知りたい」など、学習に関する悩みも多いようです。結論からいうと、「早寝早起き朝ご飯」「読み書き計算」を徹底すること。時間を有効に使いたいなら、陰山メソッドは特に有効です。学力向上は、短期決戦。今が学力向上のチャンスなのだと前向きに考えましょう。

③まず家庭で相談しましょう

働くお母さんから寄せられる質問を見ると、いつもある疑問が頭をよぎりま

す。「私に相談する前に、夫に相談したのだろうか？」という疑問です。

例えば「仕事が忙しくて子どもをお風呂に入れる時間がない。どうすればいいでしょう？」と私に質問する前に、子どもをお風呂に入れる当番について夫婦で相談されたのでしょうか？

どの質問を見ても、自分と子どものことは書かれているのですが、父親の話はまったく出てきません。「夫」という言葉すら出てこないのです。夫は頼れないので自分1人で何とかしよう、何とかしなきゃという、悲壮な覚悟が伝わってきます。

日本のお母さんは、頑張りすぎです。「夫も忙しい」からと我慢したり、「どうせ夫に相談しても」とあきらめて、1人で解決しようとしている。これではお母さんは疲れて倒れてしまいます。

煮詰まる母子。消える父親

マスコミでは常に働き盛りの男性の自殺についてが取り上げられるため、意外と知られていませんが、事実、日本の女性は、うつ病と自殺が多いのです。

警察庁の調査によると、２０１６年（平成28）には、１３４０名もの主婦が自殺しています。これは、全体の６・１２％にも達します。

うつ病にいたっては、女性の患者が男性よりも圧倒的に多いという結果が出ています。総数では、男性の１・６７倍にも上ります。

さらにうつ病患者数を年齢別・男女別に見ると、驚くべき事実が浮き彫りになります。男性のうつ病患者は40歳代まで増加し続けますが、女性もまるで寄り添うように増え続けます。しかも常に男性より多い数を維持しています。そして男性は、働き盛りを過ぎた50歳代から減少傾向に入ります。女性も50歳代

図23-a　うつ病・躁うつ病の総患者数

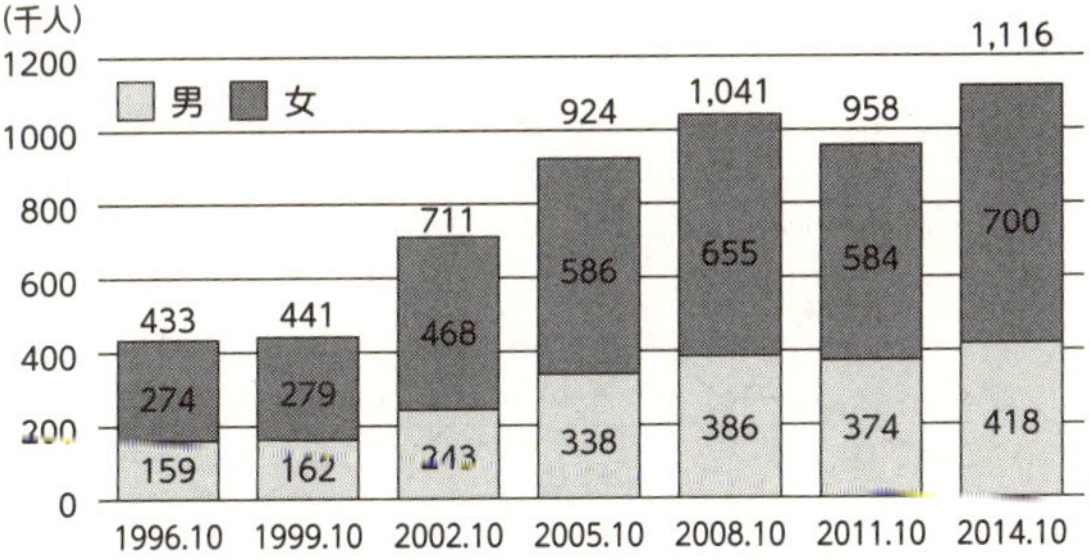

図23-b　男女年齢別総患者数(2014年10月)

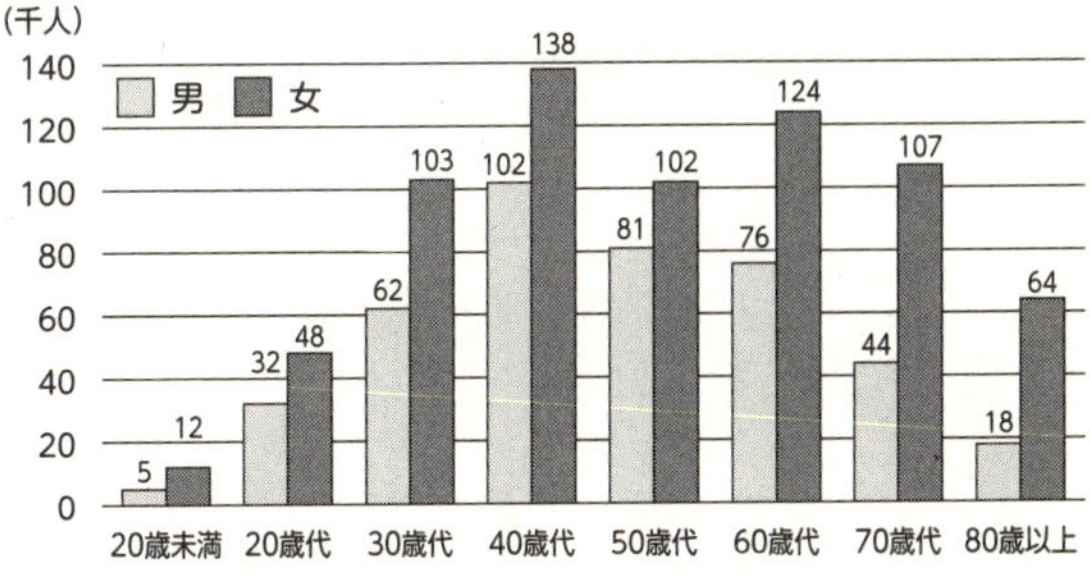

〈備考〉『気分［感情］障害（躁うつ病を含む)』(ICD-10：F30-39）の総患者数であり、うつ病及び躁うつ病（双極性障害）の患者が中心。総患者数とは調査日に医療施設に行っていないが継続的に医療を受けている者を含めた患者数（総患者数=入院患者数+初診外来患者数×平均診療間隔×調整係数（6/7))

出典：『社会実情データ図録』http://www2.ttcn.ne.jp/honkawa/
資料：『患者調査』（厚生労働省）

図24　あなたにとって一番大切なものは何か

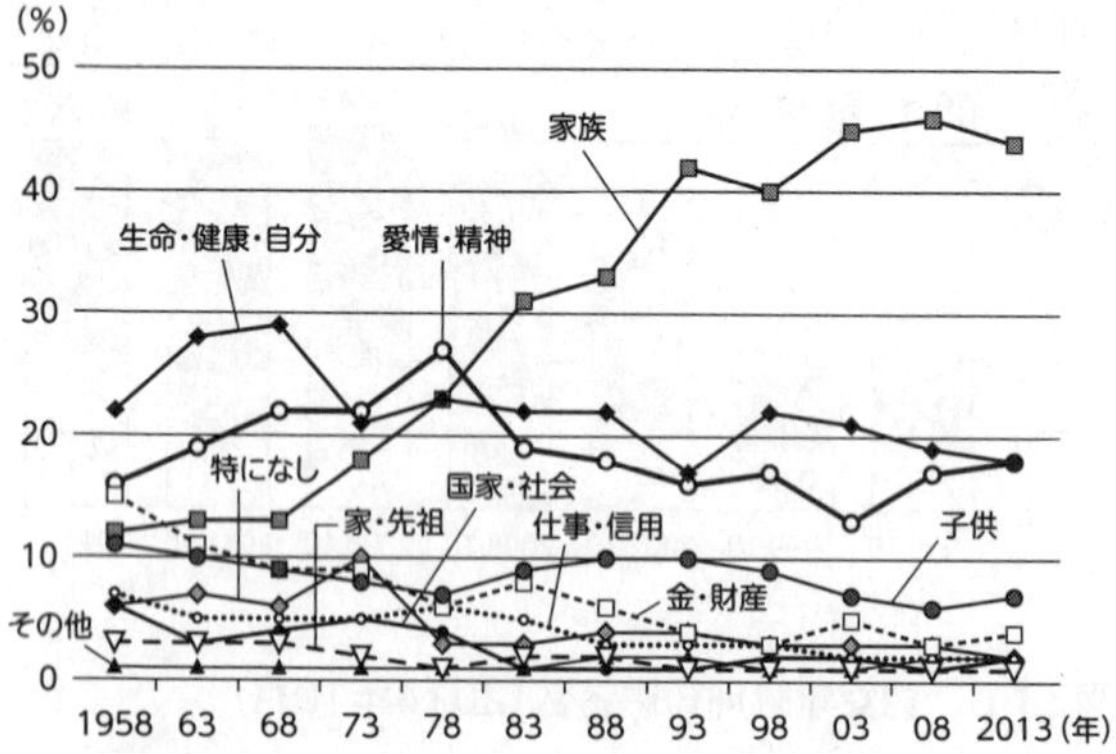

〈備考〉回答者は、20歳以上85歳未満の有権者。

出典：統計数理研究所『日本人の国民性調査』により作成

で一度減少するのですが、60歳代になると今度は女性だけ再び増加し始めるのです。思い当たるフシは、1つ。定年退職した夫が、重荷になっているのです（図23―a、図23―b）。

こういった事実は、あまり知られていません。私はこのデータをあちこちの講演会でよく見せているのですが、「確かに！」と共感するのは、女性よりも男性。みなさん自分の奥さんを思い浮かべて、神妙な顔つきになります。「申し訳なかった」と反省しているのです。私自身も、このデータを初めて見たときは、妻にかけてきた苦労を思い返して反省しました。

日本社会はいびつな構造になっています。それを、女性の踏ん張りで支えているのです。

次に、こんなデータを見てみましょう。「あなたにとって、一番大切なものは何」という問いです。最も多かったのは「家族が一番大切」との回答。「生命・健康・自分」よりも、「愛情・精神」よりも、みんな「家族」が大事なのです（図24）。

しかし、「家族」が大切だという傾向が強まってきたのは、ここ30年の話。マイホーム主義が、急加速したのです。その一方で、地域や職場、親戚とのつきあいは薄まり続けています。つきあいのベクトルが、家族のみに集中し、家族内の濃縮度が高まっているのです。

一方、あるデータによると、食卓から父親（夫）が消え始めています。戦前の日本の食事風景は、食べながらの会話は厳禁で、唯一家父長である父親だけが会話の口火を切ってもよいとされていました。それが戦後になって核家族化が進むにつれ、父親の影はどんどん薄くなっていきました。仕事で帰宅が遅い父親をおいて、お母さんと子どもだけで夕食を食べるというケースも、今や珍しいことではありません。

職場や親戚、地域とのつきあいが薄まる一方で、家族のつながりは濃密になり、父親の存在感が薄れていく。母と子の関係が煮詰まっていく。これが母親への負荷を増やしています。これはとても危険です。

特に専業主婦のお母さんは、母と子だけの世界に閉じこもらずに、社会とのつながりを持ちましょう。子どもに寄り添うだけの殻、「子どもカプセル」から抜け出すのです。家庭だけを「命綱」とせず、自分を見失わずに生きましょう。

よくテレビで、主婦たちが集まって豪華なバイキングランチを食べている映像を見かけます。そして男性コメンテイターが「夫は安いコンビニ弁当で我慢してるのに、主婦は昼間から豪華ランチとはいい気なものだ」と苦言を呈したりしていますが、あのランチは認められるべきです。女性、特に主婦にとって、必要不可欠なつきあいなのです。友だちとおいしいご飯を食べておしゃべりするのが、ストレス発散になり、うつ病の予防にもなるのです。

だからお母さんも胸を張って、お出かけや友だちとのお茶会を楽しみましょう。お父さんは「どうぞ、行っておいで」と認めてあげましょう。「夫に申し訳ないな」と後ろめたい気持ちでは、ストレス発散になりません。

父親は、家族のために時間を割いているかどうかを考える

お母さんに伝えたいことを書いてきましたので、次はお父さん方へのメッセージを書いてみましょう。

①子どもに尊敬される人生かどうかを考えましょう

まず、子どもに尊敬される人生を送っているか？　と自問してみましょう。ただし、ここで考えてほしいのは、仕事で尊敬されているかではなく、家族のために尽くすことで尊敬されているかどうかです。

奥さんから子どもに関する情報を常に得て、その情報について、仕事と同じぐらい真剣に検討しているでしょうか？　子どものことについて真剣に悩む時間、子どもと向き合う時間を、仕事と同じぐらい持っているでしょうか？

子どもや妻のために時間を取ることは、仕事で忙しいお父さん方にとっては一番難しいことでしょう。しかし、だからこそすべき、一番大切なことでもあります。

奥さんから子どものことについて相談を持ちかけられたら、決して奥さん任せにせず、時間を取ってしっかり考え、夫婦で話し合いましょう。忙しいときに限って問題が持ち上がるものですが、そこは踏ん張りどころです。

②父親の姿を子どもに見せましょう

兵庫県の小学校に勤めていたときのことです。百ます計算や「早寝早起き朝ご飯」を世の中に広めようという私の取り組みは、苦戦の連続でした。なかなか理解してもらえず、批判も浴びました。それでもやめなかったのは、子どもたちに「頑張る父親」の姿を見せたかったからです。

あきらめるのは簡単でした。あきらめて、おとなしく教師を続ける方が、ずっと楽でした。でも、私がここで信念を曲げたら、心が折れたら、我が子たちもすぐ心が折れるような人間になってしまう気がしたのです。そんな我が子の姿を見たくなかった。だから、歯を食いしばって、頑張れたのです。

父親が、自分の生き様を子どもに伝えていくことは大切です。そして、子どものために生きることも大切です。人間は、意外と自分のためだけには生きられません。でも、家族のためであったり、子どものためであったり、だれかのためになら頑張れるのです。

私は、子育ても、仕事も、どちらもかけがえのない「私の人生」だと思っています。

③父親は一家の中心であるべきです

父親は、一家の中心であるという自覚を持った方がいいと私は思います。といっても、家父長制を推奨しているわけでも、女性を軽んじているわけでもありません。父親が責任を持つことで、母親が精神的に楽になるからです。

今の日本の母親は、頑張りすぎです。一から十まで、全部背負い込んでいます。父親が決定に責任を持つことで、母親は楽になります。決定された家庭の方針の具体化に専念できるようになります。

家族のために何が必要か、何をすべきかを、常に考え、決断して、実行しましょう。そのための時間とお金は惜しまないことです。家族の節目に、ぴしっと行事を行うのもいいでしょう。我が家では子どもの進学などを機に、私が企画をしてよく家族旅行をしました。

④子育ては一度きり！

日本のビジネスマンの帰宅時間帯として一番多いのは、夜の11時。こんな国は世界でも日本しかありません。お父さんたちは、「今は仕事が一番大事なのだ、山場なのだ」と思って、毎日仕事に頑張っていると思います。しかし、子育てこそ一度きりです。父親としての人生は、一度限りなのです。仕事は何十年と続きますが、子育ては実質的には10年が勝負です。我が子の学齢期が子育ての黄金期であり、自分の人生の黄金期でもあるのです。

子どもが成人するまで、親は修行僧のような生活を強《し》いられます。私も一番下の子どもが大学に入ったとき、「これでのんびり、ビールを飲みながらテレビのナイター中継を最後まで見られる」と、ホッとしたものです。子どもがいると、大人はいろいろ我慢しなければなりません。でも、それも子どもが巣立つまでの間です。

大切なのは、家族と健康。これを忘れないでほしいと思います。

⑤親としての幸せを考えてください

親にとって、自分にとっての幸せも考えましょう。仕事に一生懸命になって、子どもに寂しい思いをさせて、それであなたは幸福でしょうか？　子どもは幸せに思っているでしょうか？　幸せになるために仕事があるのであって、仕事をするために生きているのではありません。人生の目的が何か、自分にとって子どもにとって家族にとっての「幸せ」が何かを、考えることが大切です。

60点なら、あと40点分、やれることがある

「うちの子は全然勉強しない。どうやったら勉強させられるでしょう？」という質問も、よく受けます。

　子どもが勉強しないと嘆く前に、まず自分を省みてみましょう。親として、子どもにどんな学力をつけてほしいか、イメージできているでしょうか？　子どもにこんな人生を生きてほしいという、自分なりの価値観を持った上で、子どもに勉強させているでしょうか？

　例えば子どもがテストで60点取ってきたとします。あなたなら、何と言いますか？「お隣の○○くんは80点だったのに、何してるの！」と怒るのは、下の下です。親の価値観で評価しているのではなく、周囲との比較で評価しているからです。

進学もそうです。親が見栄を張りたいがために、知り合いの中でいい格好をしたいがために、有名校へ入れようとしていませんか。有名校へ進むのが悪いと言っているわけではありません。有名校に入ることを、そのために必要な努力をすることを、親が本当に幸せと思えるなら、それでもいいのです。でも、「近所の子どもたちも受験するから」「マスコミがいい学校だと言っていたから」というような他人の評価で、我が子の教育をしないでほしいのです。

子どもに勉強をさせるには、まず親が楽しさや幸せを感じていることが重要です。テストで60点取ってきたなら、「あと40点分も親がやれることがある」と、楽しみややりがいを感じればいいのです。

子どもは元来、勉強ができるようになって親に褒められたいものです。その気持ちを理解しましょう。そして子どもに勉強させる意味や目的をきちんと整理し、子どもにどんな学力をつけてほしいか、子どもにどんな人生を生きてほしいか、自分なりの価値観を持ちましょう。「こんな子どもに育ってくれたら、幸せだなぁ」というイメージを持つのです。自分の子ども時代を思い出しながら、「自分は親にこうしてほしかった」という思いが混じってもいい。だれかから押し付けられた評価基準ではなく、自分なりの物差しを持って、子どもを教育してください。

失敗を恐れないでください。子どもには、どんどんチャレンジさせて、どんどん失敗させましょう。

そもそも教育とは、「いかに早く、上手に失敗させるか」だと言ってもいい、と私は思うのです。失敗は、成功よりも学ぶことがたくさんあります。失敗がないと困るぐらいです。失敗をすれば、それをどうやって乗り越えていくか親も子どもも考えられるし、親がサポートできる機会が生まれる。そこから、親も子どもも学べるのです。

テストで60点取ってきたら、親子で「どうする？」と考える。子どもも、「うるさいなあ」と口では言いますが、必ず１００点を取りたいはず。１００点を取りたくない子どもなんていません。子どもも親も、一緒に頑張る。そして、一緒に成長するのです。

「失敗は成功のもと」という言葉は、今の時代も通用する真理なのです。

「怒る」と「叱る」はどう違う？

けんかやいたずらなど、子どもを注意したり叱《しか》らなければならない場面は多々あります。

最初からいい叱り方をしようと思わないでいいのです。適切な叱り方があると思うこと自体が間違いです。どんどん褒める、どんどん叱る。許せないものは許せないでいいではないですか。

褒め方も叱り方も、親は経験を重ねて学んでいくもの。叱りすぎた、もっとこう言えばよかった、などと思ったら、次にはそれを繰り返さなければいいのです。叱りながらも冷静に、子どもがちゃんと話を聞いているか、反省しているかを観察しながら、自分なりの叱り方をつかんでいきましょう。

子どもを感情的に叱ってはいけない、という話をよく聞きますが、私は子どもに感情をぶつけてもいいと思います。それよりも大切なのは、叱ることに最終的な落としどころがあるかどうかです。

落としどころのないまま説教をしても、ただ単に怒るだけになってしまいます。「腹が立って腹が立って、どうすればいいか分からない」という状態です。落としどころがあるかないか、つまり叱ることによって子どもにどうなってほしいのかを叱る側がきちんと分かっているかどうか。それが、怒ると叱るの違いです。

子どもを叱る前に、まず落としどころを考える。その上で、子どもを呼んで叱る。できる限り、きちっと理由を説明して、理屈で叱りましょう。理由や理屈がないと、「ごめんなさい」と言わせることが目的になってしまいます。同じ失敗や過《あやま》ちを繰り返させないためにどうすればいいのか、一緒に考えたり指導したりする。叱るときにしか言えないこと、伝えられないことを伝えましょう。

家庭の決まり事に対して子どもが不平不満を言ったら、「うちはうち！」「ダメだからダメ！」ときっぱり言えばいい。これも、立派な理屈です。親の側に、揺らぎない芯《しん》のような理屈がないと、行き当たりばったりの叱り方になってしまいます。

子どもを叱ることは嫌なものですし、ものすごいエネルギーを使います。子どもが傷つくことを恐れる人も多く、評論家はすぐ子どものストレスがどうとか、子どもの個性を尊重しましょうと批評するので、叱ることをためらう親も増えています。

しかし、だれの子でもない、我が子なのです。親として、どんどん叱るべきです。親は親としての責任からは逃げられません。

子どもの個性を尊重しようといいますが、個性にはよいものもあれば悪いものもあります。悪い個性につきあうような考えは、私には一切ありません。ダメなものはダメとはっきり言い、絶対に認めません。

完全な親なんていません。みんな迷います。言い間違うこともあるでしょう。でも、それでいいのです。間違えたら、そこからやり直せばいい。ためらうのが一番いけません。思うことを全身全霊をかけて語る。言うべきことをしっかり考え、決意を持って語る。それが親の務めだと思います。

叱られることに慣れるのも、大事な勉強

叱られることに慣れるのも、大事な勉強です。社会に出たらだれでもたくさん叱られるのですから、子どものうちに慣れておいた方がいいのです。

いわゆる「ゆとり世代」は、叱られるのに慣れていないことが多いようです。だから叱られるのが怖くて、チャレンジできない。言われたことしかやれない。そして叱られると、すぐ心が折れる。「もう会社を辞める！」なんて言い出したりします。

叱られ慣れていない若者は、ひと目見ればすぐ分かります。「傷つきたくない」というバリアのようなものを張っているのです。そういう人を下手に叱って逆ギレされたり、会社や学校を辞めると言い出されても困るので、周りもはれ物を扱うように叱らなくなります。叱られてこそ人間は育つのですから、これでは見捨てられたも同然です。そうならないためにも、子どものころから叱られることに慣れさせましょう。

叱るタイミングですが、生活指導と同じで、間を空けすぎないこと。できれば朝や寝る直前などに叱るのは避けたいところですが（朝叱ると1日が憂鬱になるし、寝るときに叱るともんもんとしてしまいます）、叱る時間をしっかり取れるタイミングを考えましょう。

叱る際には、和室や2階の子ども部屋などに呼び出して、「叱る」雰囲気をしっかりつくりましょう。普段とは違う厳粛な空気をつくれば、子どもも気を引き締めて親の言葉を聞きます。

叱った後のフォローは、ケースバイケース。許せないようなことをしたなら軽く終わるべきではないですが、ちょっとしたことをいつまでも引きずらない方がいいでしょう。

また、叱るときだけではありませんが、私は教師として子どもたちに接するとき、男らしさ・女らしさを意識しています。

女の子は、将来母親になったときのことを考えて、丁寧に接します。将来子どもを産んで子育てをするとき、我が子を粗末《そまつ》に扱ってほしくないからです。軽い冗談でも叩くことなどは絶対にしません。

男の子は、妻や子どもを守る存在、家族を困難から守る存在です。ですから、私は強くなってほしいという願いを込めて厳しく接し、鍛えます。

また、男子も女子も同じように「さん」づけで呼ぶことには、違和感があります。私は男子は「くん」、女子は「さん」と呼び分けています。呼び捨てはしません。特に授業中は絶対にしません。それは、授業の引き締まった空気、緊張感をつくるためです。今は授業中だと子どもに意識させ、授業に集中させるために、意識的に「くん」「さん」づけで呼びます。

意識的に雰囲気をつくることは、家の中でも必要です。説教をするときは、改まった空気や緊張感をつくるために、場所と時間を選ぶ。もちろんリラックスする場所と時間も大事ですので、意識的に効果的に使い分けます。

男らしさ・女らしさは自然に決まっていくもの。誤解を恐れずにいえば男らしさ、女らしさは必要だと思います。

家族会議は厳粛な雰囲気で行う

叱るだけでなく、進学や就職、学校生活など、子どもと話し合う機会は多々あります。その際にはまず、夫婦でしっかり話し合いましょう。夫婦でお互いの持つ考えや情報を交換して、抽象論ではなく具体論で意見を話し合うのです。

現代は、家族で話し合って意志決定しなければならない議題が増えています。例えば教育にしても、一昔前は選択肢が少なくて簡単でした。近くの公立小・公立中に何の疑問もなく進学し、高校も自分の成績と学区内の高校とを照らし合わせれば、自《おの》ずと決まっていました。それが今や、中学校受験や小学校受験、幼稚園受験まで、選択肢は広がっています。貯蓄などの財産管理もそうです。昔は、選択肢がすごく少なかったので、郵便局、銀行、信金のどこに預けるかと悩む程度でした。どこに預けても利率に大差はないので、一番家から近いところに預けたりしたものです。ところが今や、さまざまな金融商品が出回り、株などの投資も一般的になりました。

昔に比べて選択肢が何倍にも増えた分、選ぶのも大変になりました。選ぶには、家族で話し合い、意志決定しなければなりません。子どもが大学を受験するときは、もし第一志望に落ちたら浪人させるのか、滑り止めはどこの大学を受けさせるか、など、細かい点まで話し合う必要があるでしょう。具体論で話し合うと、お互いの価値観の違いがよく分かります。だから話し合う意味があるのです。

話し合いで両親の統一見解をつくった上で、子どもに話しましょう。両親の間で意見に齟齬《そご》がない状態にして、両親の思いとして子どもに伝えるのです。すると子どもは「両親が話し合った上で言ってきた」と分かるので、軽々しくは聞かず、真剣な態度で耳を傾けます。

子どもと話すとき、夫婦で話すとき、家族で話すときは、話し合いの場所と時間をしっかり確保します。「大事なことを話したいから、時間を取ってくれ」と宣言し、大事な話をするのだという真剣な雰囲気をつくるのです。そういう意味では、和室が使い勝手がいいでしょう。

また、上の子どもにだけ話して、下の子には聞かせたくないというときには、個室で話したり、障子で仕切るなどすればいいでしょう。今の家は、家族間のコミュニケーションを円滑にしようと開放的なつくりになっていますが、こういうときに他の家族と切り分けられる部屋があると便利です。

ぶつかることを恐れず、子どもに思いを「伝える」

私は子どもに、「こうなってほしい」という願いや思いを、どんどん伝えていました。こうなってほしいという希望や願いを、親は子どもに伝えるべきだと思っています。

「教育の目的は自立なのに、親の思いを伝えていたら自立できないんじゃないですか？」と尋ねられたことがありますが、そうではありません。素直に思いをぶつけられることで、子どもは自立しようとするのです。

例えば、子どもに「教育学部に行って、教師になれ！」と言ったら、どうなるでしょうか。子どもは「何で親の言うことを聞かなきゃいけないんだ」「何で教師にならなきゃいけないんだ」とまず反発し、「では、自分はどうしたいんだろう？　何になりたいんだろう？」と、考え始めます。これが何も言わないとどうなるか。深く考えることなく、就職人気ランキングを見て「とりあえず上位の企業に応募してみるかなぁ」となってしまうかもしれません。

子どもは人生経験が少ないので、あまり多くの評価基準や判断基準を持っていません。だから深く考えられないのです。親の思いを素直にぶつけることで、深く考え、決断するきっかけになるのです。親の言うとおりにするか、反発して自分の道を進むか。それは分かりません。20歳を超えたら、子どもは親の言うことなんか聞きません。親にできることは、「うまくいけばいい」と願うだけ。大事なのは、親が子どもにとって「壁」になることです。「壁」にぶつかると、子どもは否が応でも考えます。壁を乗り越えていくこともあるだろうし、壁に同化することもあるでしょう。親という「壁」にぶつかり、考え、決断することを繰り返して、子どもは自立していくのです。

そして、自分が決めたことには、責任を持つようになります。だれのせいにもできない、自分の決めたことだから頑張るしかないと覚悟もできます。

親の思いを伝えるのは、親の思いどおりの人生を子どもに送らせるためではありません。子どもの自立を促《うなが》すためなのです。

最近は、子どもも大人も、人間関係に悩んでいる人が増えています。今の日本人は、「傷ついちゃいけない」「傷つけちゃいけない」という意識が強すぎるのではないでしょうか。誤解は理解のための第一歩。けんかは、仲よくなるための第一歩です。ところが、一度衝突《しょうとつ》したり、嫌な印象を受けると、すぐ距離を取る人が多い。無視したりする。これはとても損をしていると思います。

人間関係は、必ず誤解からスタートします。違う価値観を持った同士が出会うのだから、誤解が生まれるのは当然です。人間は第一印象が大事といいますが、第一印象なんて相当危ない。当てになりません。

衝突したら、自分の物差し（価値観）を外して、相手の物差しで考えてみましょう。そうすることで、自分の物差しを客観視できるし、自分の価値観のひずみや弱みも見えてくる。それが、自分を磨くことになるのです。

私が教育再生会議に参加したとき、周りのメンバーは私とは価値観のまったく違う人たちばかりでした。だから、最初はとても違和感がありました。しかしすぐに、私と正反対の価値観を持っている人は、同時に私の弱点を一番知っている人でもあると気づきました。私以上に私の弱点を知っているから、話すとすごく勉強になるのです。

人間は、同じ価値観の人ばかりに囲まれていると、自分の欠点や弱点、矛盾点などが見えなくなってしまいます。価値観の違う人から学べるようになりましょう。一生懸命生きている人からは、どんな価値観の人だろうと、必ず何かを学べます。

今、日本の社会全体が内向きになっています。既出のデータのように、家族関係が濃密化しているのもその一例です。開成だ灘だ、東大だ京大だと国内の競争にきゅうきゅうとして、ハーバードやオックスフォードに行って世界と勝負しようという発想が減ってきているのも、内向きな証拠でしょう。

内向きのままでは、人間は成長できません。元々人間関係はリスクの塊です。誤解を恐れず、価値観の違いを怖がらず、他人から積極的に学びましょう。

価値観の違う人とつきあっていくには、どうすればいいか。難しそうですが、実は意外と簡単です。あいさつと、「ありがとう」と「ごめんなさい」が言えればいい。「ありがとう」と「ごめんなさい」が、コミュニケーションの基本です。相手に誤解を与えたら、素直に「ごめんなさい」と謝る。学ばせてもらったら、「ありがとう」と素直に感謝する。これができれば、どんな人ともつきあえます。

人間関係をつくっていく方法は、子どもも大人も同じです。

家族は、イメージ能力を磨く絶好の相手

相手とコミュニケーションする際の土台となるのは、イメージ能力。イメージ能力が、コミュニケーションの本質だと私は思います。

相手の表情や話している内容、しゃべり方、声色などから、相手の思いを想像することで、人同士はつながっていきます。その際には、自分が過去に体験した出来事や感情を頭の中で再現し、イメージ化の材料とします。例えばけんかをして悲しかった気持ち、叱られて嫌だった気持ち。こういった経験を頭の中で再現し、だから相手は今、こういう気持ちなのではないかとイメージする。イメージの元になるパーツを、人生で蓄積し、知識化していく。そしてコミュニケーション時のイメージの材料にするのです。

以前、幼稚園の学芸会で子ども全員が主役の桃太郎を演じるというＣＭを見ました。今の親の気持ち、学校を取り巻く状況を、このＣＭは見事に風刺していると感心しました。最近の親は、だれが主人公を演じるかを重要視しています。主役が一番エライ。だから我が子に主役をさせたいのです。

でも、これは本末転倒です。なぜ学校で演劇をやるのか。その意味を分かっていません。学校で演劇をさせるのは、子どもにいろいろな役を疑似体験させるため。疑似体験させて、いろいろな役の心情を考えさせるのが、ねらいなのです。例えば「桃太郎」なら、リーダーとしての責任、家来になる者の心情を体験させる。演劇で、いじめられている子どもの気持ち、いじめる側の気持ちを、疑似体験させる。いろいろな役を演じることで、イメージ能力を磨くのが目的なのです。全員が桃太郎になったのでは、桃太郎（主人公）の気持ちしか分かりません。

人間は、自分が経験したことの蓄積でしか、判断できません。人間と人間は、基本的には理解し合えないということを教えた方がいいと思います。だからこそ、話すのです。話さないと分からないのです。

こういう能力を「練習」する場として、家庭は最適です。親と話をする、兄弟で会話をする。家族は、話す能力を鍛えるすばらしい練習相手です。

子どもがすねているときの表情は、親に似ます。子どもの表情は、自分の表情を映し出す鏡だと考えてください。子どもの表情を見て「よくないな」と思ったら、洗面所に行って自分の顔を見てみましょう。子どもに対して、嫌な表情（怒っている顔、ぶすっとした顔）を見せないようにしている家庭は、子どもも健《すこ》やかに育ちます。親が穏やかな家庭の子どもは、カーッとなりにくいのです。

だからといって、「子どもに夫婦げんかを見せないようにしなきゃ」と、あまり神経質になる必要はないと思います。気をつけたいのは、必ず仲直りするところも見せるということ。人間とは、たとえ夫婦（大人）同士でも、時にはけんかもする。でも、けんかをしても元通りになる、けんかしてさらに仲よくなるんだということを、子どもに見せてもいいんじゃないでしょうか。

ただし、小学校低学年ぐらいまでは、子どもの前での夫婦げんかは避けた方がいいかもしれません。ストレートに親のまねをする年ごろですし、けんかも仲よくなる過程の1つということが分かりませんから。

家がある、家族がいる。それだけで十分

この十数年、私の仕事の都合や子どもたちの進学で、我が家は家族全員がそろって暮らすことはできませんでした。家族が離れ離れになって数年後、最後に全員が一緒に暮らし、今は他人が住んでいる兵庫県の家を、子どもたち３人が私たち夫婦に内緒で見に行ったということを聞かされました。子どもたちは子どもたちなりに、家族そろっていたあのときを大切に思っていたのだと、心が痛んだものです。

私は、妻と子どもたちという家族がいることが何よりうれしいですし、幸せだと思っています。世の中には、子どもに恵まれない夫婦もたくさんいます。そんな中、我が家は３人もの子どもに恵まれ、それぞれがすくすくと育ってくれた。これだけで十分幸せです。

子どもが産まれるとき、だれしも「無事に産まれてきてくれさえすればいい」と願ったはずです。生まれてきた我が子を見て、だれしも「産まれてくれただけで十分幸せ。これ以上ぜいたくは言わない」と思ったはずです。子どもが大きくなるにつれて、ついつい忘れがちになりますが、この気持ちが大切なのではないでしょうか。

子どもの進学や就職は、子どもがつむいでいく子ども自身の物語であり、親からすれば番外編のようなものです。子どもがいることに感謝しながら、子どもの物語に参加して、楽しむ。親の役割はそれしかありません。

思えば家という小さな世界で、家族は時に泣き、時に笑い、お互いを傷つけ合ったりいたわり合ったりしながら、何年も、何十年も向き合っていくものです。

すでに3人の子どもは独立し、娘二人は結婚し、子どもが生まれました。

今は普通に子や孫がわが家にもどってくるのが楽しみです。孫である赤ちゃんを抱いた時、私は「そうだ。私がもっとも幸せを感じたのはこの瞬間だった」と思い出したものです。

おわりに

私の故郷の駅の裏に、家の建っていない空地があります。それは、2003年の春に完成予定だった私の家の建設予定地です。用地の買収から、地鎮祭、そして資材の発注まで終わっていながら、なお建てられなかった家族の夢の跡地です。

私の出世作となった『本当の学力をつける本』（文藝春秋刊）の印税をはたいて、長く家族を我慢させ、仕事に没頭してきた罪滅ぼしのために、私は家を建てようとしていたのです。それまで、何回か家を建てようとしたことはあったのですが、用地の買収の失敗、資金不足などでついに夢は実現しないままでした。何としても、家を建てたい。その思いから計画が持ち上がるごとに、間取りづくりのためにノート一冊、書きつぶしていました。

「今回は、大丈夫」。そう思っていました。そして、春には家族一緒に新しい家に住める。そう信じていました。ですから、夜にその用地を何度も見に行ったものでした。

しかし、またしてもその希望はかないませんでした。私は自らその希望を裏切ったのです。

当時、学力低下不安の爆発で、学校不信は高まり、子どもの学力を高めるには、もっと勉強させればいい、もっと競争させればいい、夜遅くなってでもかまわない、そんな論調が強まっていました。それを止めるには、広島県尾道市が提起した土堂小学校プロジェクトにかけるしかない。そう決断したのです。

学力低下の本当の原因は、生活習慣の乱れ。そのころは、それを実証するデータもなかったのですが、私はそう信じていました。そして、誤った教育の流れを改めるにはそこにしか可能性はないと考えたのでした。

私が尾道に向かうために、本文にも書いたように、春に家族一緒に新しい家に住むという約束は破られ、逆に家族はバラバラになったのです。

この強い無念が、家に対する私の激しい思い入れにつながっていきました。今も残る尾道の私の家のトイレには、住宅雑誌が残っています。もうやってこない夢を心の中でつなぎながら、頭の中で家を何度も何度も建てたのです。その後、京都の立命館に仕事を移した私は、4年間のバラバラ生活から、次女の浪人という事情もあって、あきらめていた家族一緒の新居での生活をすることになりました。京都の建築会社のお世話になり、夢は現実しました。もっとも、ここでの家は、家族が一緒に住むといっても、もうそれは長いものではありませんから、思い切り自分の趣味に走った家になってしまいましたが。

そして今、反省を込めて思うのですが、建てるのなら早いほうがいいなあと。そして子どもが小さかったらどんな家にするだろうかと、家を建てた今も、空想の中の夢は続いているのです。

そして月日はめぐり、私は、私の家に対する思いを聞き留めてくれた住宅メーカーに出会います。それは不思議なご縁で、最初に家を建てようとしていたとき、建ててもらおうとしていたメーカーです。

そこで私の提案した家を商品化しようという話になったのです。話はトントン拍子に進み、実際に商品化され、すでに多くの人が住んでおられます。そしてかつてそのメーカーの住宅セミナーに出かけ、住宅について勉強したのですが、今はその講師を務めています。

考えてみるとそれは不思議な話です。なぜ、そうなったのでしょうか。

実は、ここにこそこの本ができた理由があります。それは何か。今までの日本の住宅は、意外と子どもの成長にふさわしいものではなかった面があるのです。しかし、それは子どものことを考えなかったというのではありません。子どもをよく理解できていなかったということなのです。朝ご飯を抜けば、恐ろしく成績が下がるというのは今となっては当たり前ですが、つい最近まで、そうとは認識されませんでした。

子どもたちは、小さいころ、環境で成長していきます。それが思春期になってくると、自分の可能性、つまり夢で勉強するようになります。そのとき、家族のコミュニケーションが重要なのです。

今回私は、今まで自分のやってきたことや自分の反省を土台に家づくりについて、提案してみました。家は、家族の夢の器です。私からのこのメッセージが、読者のみなさんの幸せにつながっていくことを願っています。

２０１０年３月　陰山　英男

おわりに――文庫版に寄せて

この本は、以前出版した本の文庫版として作られたものです。
今回、その機に内容を一部修正しました。また、本文中のデータは最新のものに差し替えてあります。

最近ようやく、学力と生活習慣との関係が具体的に語られるようになってきました。かつて、単に勉強することだけが成績向上の道であると信じられていましたが、それ以上に注目すべきなのは、実は子どもたちの基本的な生活習慣なのだということに気づいたのです。

それで、全国的には早寝早起き運動が起き、学校でも生活習慣の重要性が注目されるようになりました。生活習慣と学力との強い相関関係が理解され、子どもたちの学力を上げるためには、ただテストし採点を繰り返すのではなく、まずは生活習慣を根本から立て直すよう、指導に取り組むようになったのです。

しかし一方、誤った情報も伝わるようになっています。

例えば、リビング学習について。これは、単にリビングで学習すれば成績が上がるということではありません。もちろん、文字通りリビングに学習机を置くことから始まるのですが、その意味ややり方を取り違え、ダイニングテーブルで学習するなど、適切ではないリビング学習のやり方も多く見られるようになりました。

ダイニングテーブルでの学習は、夕食の準備が始まると中断せざるを得ず、途中で集中を切ることになってしまいます。また、保護者が対面に座り子どもの学習を見ることは、監視するという感覚になりがちで、かえって学習に対する緊張感を高めることにもなるのです。

重要なのは、子どもたちが伸びていくためにはどのような生活が望ましいのか、ということでしょう。その家庭環境をできるだけ実証的に作り上げていくということが大切だと思うのです。

この本は、そうしたことにいくつかの新たな提案と工夫を考え書いたものです。皆さんに一読され、子どもたちの学力向上と、人間的な成長に寄与することを願っています。

2018年3月　陰山　英男

著者紹介
陰山英男（かげやま　ひでお）
1958年、兵庫県生まれ。
陰山ラボ代表（教育クリエイター）、一般財団法人基礎力財団理事長、ドラゼミ総監修者、NPO法人日本教育再興連盟代表理事、徹底反復研究会代表。
岡山大学法学部卒業後、小学校教員に。「百ます計算」や漢字練習の「読み書き計算」の徹底した反復学習と生活習慣の改善に取り組み、子どもたちの学力を驚異的に向上させた。その指導法「陰山メソッド」は、教育者や保護者から注目を集め、陰山メソッドを教材化したドリルの発行部数は、「徹底反復シリーズ」ほか累計1500万部に及ぶ。文部科学省中央教育審議会特別委員、大阪府教育委員長を歴任し、全国各地で学力向上アドバイザーも務めている。
近著に『徹底反復で子どもを鍛える』（中村堂）、『おとなの頭を磨く生き方講座』（海竜社）、『人生を変える ポジティブ習慣』（星雲社）などがある。

本書は2010年３月に学研教育出版から刊行された『子どもを賢く育てる暮らし方』を改題し、加筆・修正したものである。

ＰＨＰ文庫　頭のいい子が育つ「最高の生活習慣」

2018年４月16日　第１版第１刷

著　者　陰　山　英　男
発行者　後　藤　淳　一
発行所　株式会社ＰＨＰ研究所
東京本部　〒135-8137　江東区豊洲5-6-52
第二制作部文庫課　☎03-3520-9617（編集）
普及部　☎03-3520-9630（販売）
京都本部　〒601-8411　京都市南区西九条北ノ内町11

PHP INTERFACE　https://www.php.co.jp/

組　版　株式会社PHPエディターズ・グループ
印刷所　共同印刷株式会社
製本所　東京美術紙工協業組合

ISBN978-4-569-76829-8

PHPの本

子どもの頭が45分でよくなるお父さんの行動

陰山英男 著

子どもの学力・地頭力は父親しだいで伸びる！　百マス計算でおなじみの著者が、2女1男を育てた経験から伝授する父親がするべきこと。

【四六判】　定価　本体一、三〇〇円（税別）